THE

BOOK

OF THE

LAW

AS DELIVERED BY

XCIII=418

TO

DCLXVI

LIBER AL

VEL

LEGIS

SUB FIGURA

CCXX

ALEISTER CROWLEY

Translator

UEMATSU YASUO

Kokushokankokai Inc.

法の書　目次

装幀　松田行正＋杉本聖士

法の書

汝の意志するところを行なえ。これこそ〈法〉のすべてとならん

第一章

法の書

XCIII=418よりDCLXVIに伝えられしもの
Liber AL vel Legis／CCXX
〈第二二〇之書〉

序

書 I

1．本書は一九〇四年四月八日、九日、十日の三日間、正午から午後一時までの間にカイロにて口述されたものである。

〈著者〉は〈エイワス〉と称し、「〈ホール－パアル－クラアト〉の従者」を名乗った。即ち、現在この地球を支配している勢力から派遣された伝令であるということになるが、これについては後述する。

エイワスが人類の誰よりも優れた存在であり、権威を以て話す資格があることを如何にして証明できるのか？　それにはどんな人間も有したことがないと思われる〈知識〉と〈力〉を示さなければならない。
2．彼は幽玄な事実を伝えるために、時に暗号文字ないし暗号文を用いて〈知識〉を示した。その事実の中には、人間には認識できないことや、まだ起こっていないことも含まれていた。彼の主張の証拠は原稿そのものの中に存在する。それは人間の証人とは関係の無いものである。
本文を研究するには、解釈できる高度な学識が必要になる。それでも解明には何年もかかるだろう。今もなお解き明かすべき部分が多く残っている。しかし、エイワスの主張を裏付けるだけの解明は既になされている。どんなに懐疑的な知識人でもそれは認めざるを得ない。

この問題は〈首領《マスター》セリオン〉のもとで研究するのが最良であり、〈首領〉は長年にわたる真摯な研究により解明に至った。

一方で、『法の書』の大部分の言葉は単純明快で力強いものである。読めば誰でも心の芯から揺さぶられる。
3．人間を超えた〈エイワス〉の〈力〉は、その〈首領《マスター》〉と〈書〉が現実の出来事に及ぼす影響力によって明らかにされる。歴史も〈エイワス〉の主張を十分に支持している。このような事実は誰にでもわかることであるが、〈首領《マスター》セリオン〉の助力があればもっとよく理解できる。

4.『法の書』の口述へとつながる出来事についての詳細な説明は、〈手稿〉のファクシミリおよび〈首領《マスター》セリオン〉の一文と共に『神々の春秋分点《エクイノクス》』に公開されている。

II 宇宙

『法の書』には〈宇宙〉が説明されている。

その構成要素は、〈ヌイト〉——〈空間〉であり、あらゆる種類の可能性の総体——と〈ハディート〉であり、〈ハディート〉はそれらの可能性を体験するあらゆる地点を示している。この考えはエジプトの〈女神ヌイト〉に象徴されていて、その姿は〈夜空〉に架かるアーチ状の体をもった女性となっている。〈ハディート〉は〈ヌイト〉の中心にある〈翼ある地球〉に象徴されている。すべての出来事はそれぞれ、一つの単体とそれに可能な経験の一つと結合している。

「すべての男とすべての女は星である」というのは、そういう経験の総体を意味していて、経験はたえず新たな出来事が生じて変化している。新たな出来事は男にも女にも意識的にあるいは無意識に影響を及ぼしている。

このように我々一人ひとりが自分の宇宙を持っているが、その宇宙があらゆる可能な経験を包み込むと、たちまち誰にとっても同じ宇宙になるのだ。

現状では、あなたが目にしている物は私が見ている物とは決して同じではない。あなたの経験と私の経験が多くの点で一致するから、二人の見ているものの実際の違いなどとるに足りないので、同じだと見做《みな》しているにすぎない。例えば、一人の友人が私たち二人の間を歩いているとすると、あなたにはその人の左側だけが見え、私には右側しか見えない。しかし私たちはその人を同じ人だと認定する。

たとえ私たちがその人の体のどの部分を見ているかだけでなく、その人の性質の何を知っているかについても違っていても。この同一人物だという認識は、その人ともっと頻繁に会って、さらによく知るようになると、ますます強くなる。ところが私たちは二人ともそれぞれが受けた全体的な印象からしかその人物については何も知らないのである。

以上、これは現在のすべての哲学の学派に折り合いをつけられる一つの体系を説明するきわめて粗雑な試みである。

III テレマの法

この〈書〉は単純な行動規範を規定している。

「汝の意志するところを行なえ。これこそ〈法〉のすべてとならん」

「愛こそ法なり、意志下の愛こそが」

「汝の意志するところを行なえ、ということ以外に法はない」

これの意味するところは、星である我々はそれぞれ自分の真の軌道を移動しているということである。その軌道は自分たちの置かれている場所の性質、私たちの成長の法則、過去の経験の衝撃の大きさによって定められている。出来事というものは、我々誰にとっても、理論上はすべて等しく法に従っている。しかし、実際には一つの行為だけが、ある特定の瞬間の我々それぞれにとっての法に従っているだけなのだ。だから意識している一つの瞬間から別の瞬間へと移る中で、相応《ふさわ》しい出来事を経験する決断を下すことが〈義務〉なのだ。

行動や動きはそれぞれ愛の行為であり、〈ヌイト〉のどの部分かと合体することである。一つ一つの行為は「意志に基づいて」いなければならない。その存在の真の性質を成就させるように、決して妨げないように選ばなくてはならない。

これを達成する技術的な方策は、『魔術』を読んで学ぶことだ。あるいは〈首領《マスター》セリオン〉とその任命された助手たちから個人的な指導を受けて習得することだ。

〈テレマ〉は〈意志〉を意味するギリシア語であり、同じくギリシア語で〈愛〉を意味する〈アガペー〉と同じ数値になる。

IV 新しい永劫《アイオン》

〈書〉の第三章は難解であり、本書の公開（一九〇四年四月）前に生まれた多くの人には不愉快きわまりない内容かもしれない。

我々が今入ったばかりの〈時代〉の特徴が語られている。表面上はぞっとする内容である。中には我々が恐ろしいほど明瞭にもう見ている出来事もある。しかし、恐れることはない！

ある種の巨大な「星々」（ないし経験の集合体）が〈神々〉として描かれているかもしれないことが説明されている。その中の一つが二千年間のこの惑星の運命を担っている。我々が正確に分かる範囲では、世界史上にそのような〈神々〉は三神見られる。まず、母なる〈イシス〉で、〈宇宙〉は彼女から直接引き出された素朴な滋養物として発生した。この時代の特徴は母権制である。

次は紀元前五〇〇年から始まる父なる〈オシリス〉の時代で、〈宇宙〉は大変動しているものと考えられ、愛と死と復活が経験を作り上げる手段だった。この時代は父権制となる。

さて、その子である〈ホルス〉の時代には、両方の手段の要素を取り込んで絶えず成長するものとして出来事を捉え、環境に負けることはないものと我々は認識する。この現在の時代には個人は社会の単位として認識される。

我々自身をどう見るかは上記の説明にあるとおりだ。死も含めてどの出来事も我々の経験に一つだけ追加されるにすぎず、その始まりから我々の意志によって自由に決められる。あらかじめ決められるのである。

この〈神〉、〈ホルス〉には規定された称号がある。即ち〈ラー＝ホール＝クイト〉と〈ホール＝パアル＝クラアト〉の二神を結合した〈ヘル＝ラー＝ハー〉である。この教義の意味については『魔術』にて学ばなければならない（この神は王位についた〈鷹の顔をした神〉として表わされる）。

彼は一九〇四年に始まる二千年間を区切りとする現在の時代を支配する。この神の支配は至る処で定着している。罪の意識が薄れ、無智と無責任が蔓延《はびこ》っている世の中、生殖本能が妙な変異を見せて、両性愛や男とも女ともつかない者が目立ち始めている社会の姿、進歩に対する子供じみた盲信、それとは裏腹に大災害への悪夢のような恐怖におびえながらも、大災害への予防措置をまだ真剣に講じようとしていない世界を自分の目でよく見てもらいたい。

考えてもらいたい。道徳観がやっと芽生え始めた程度の社会でしか見られないはずの独裁者の擡頭、共産主義、ファシズム、反戦論、健康ブーム、ほぼすべてのオカルティズム、感傷に走りすぎて消滅の危機に瀕している各種の宗教はどうなのだ。

映画、ラジオ、サッカーくじ、ぞれにクイズの流行を考えてもらいたい。むずかる乳幼児をあやす道具の多いこと、意味のないものばかりだ。

スポーツも考えてみるがよい。幼稚な熱狂と大騒ぎのもとになり、男の子同士の喧嘩までおきてどの国にも迷惑な話だ。

戦争についても考えてみたまえ。毎日起こるから誰も気に留めなくなり、心配すらほとんどしなくなる残虐行為はどうするのだ。

我々は子供なのだ。

この新しい〈ホルスの永劫《アイオン》〉はどのような発展を見せるのか、その〈子〉はどのような成長を見せるのか、それを決定づけるのは、我々なのだ。〈首領《マスター》セリオン〉の優れた指導のもとで〈テレマの法〉により我々自身が成長しながら。

ある時代から次の時代へと変化する時を〈神々の春秋分点《エクイノクス》〉と呼ぶ。

V 次の段階

民主主義は足取りが覚束ない。

残酷なファシズム、騒々しい共産主義、数々の似たような詐欺行為が世界中を席捲している。

どちらを見ても周囲にはそんなものばかりだ。

どれも〈ホルス〉の〈新しい永劫《アイオン》〉の〈子〉の中絶された子供たちなのだ。

〈自由〉が〈時〉の子宮の中で再び胎動する。

〈進化〉が反社会主義的な様々な方法によって変革をおこす。時代の流れを予知し、状況に変化をもたらす「ただならぬ」者は笑い物にされ、迫害を受け、畜群の如き大衆によって破滅に追いやられることも珍しくない。しかし、彼とその子孫らこそ、危機が訪れたときには、生き延びることができるのだ。

今日《こんにち》我々の頭上には歴史上類を見ない危険が垂れこめている。我々は益々個人を抑圧している。群衆の観点から物事を考えているのだ。戦争が殺戮するのは兵隊だけではない。なにもかも無差別に殺してしまうのだ。最も民主的で、最も独裁的な政府の打ち出す新しい政策はどれも本質的には共産主義的だ。そこには常に規制しかない。我々はみな低能児として扱われる。戦時国土防衛法《ドーラ》、商店法、道交法、日曜日の交通規制、検閲など、我々は自分の意志で道路を横断することもできない。

ファシズムは共産主義と同類で、おまけに不正直だ。独裁者は自分の決めた要件を満たさないすべての藝術、文学、演劇、音楽、ニュースを弾圧するが、世界は天才の光をたよりに動いていく。群衆はまとめて滅ぼされるだろう。〈テレマの法〉の制定だけが個人の自由を守り、人類の未来を保証できる方法だ。

フェニクス伯の有名な逆説の言葉を借りると、国家の絶対支配は、個人の意志の絶対的自由が示す一つの役割だ。

すべての男性とすべての女性は、この〈大いなる業《わざ》〉を〈首領《マスター》セリオン〉と共に協働するよう求められている。

O. M.

〈聖守護天使〉エイワスよりの通信を
クロウリーが筆記した霊界文書

I

1. 〈ハドよ〉！ 〈ヌイト〉の顕現《マニフェステイション》。

2. 天界の一行《カンパニー》の除幕《アンヴェイリング》。

3. すべての男とすべての女は星である。

4. すべての数は無限である。されぱこそ差異などありはしない。

5. 助けたまえ、おおテーベの戦士たる主よ、人びとの〈子たち〉の前にてこの私がヴェールを脱ぐのを！

6. 汝〈ハディート〉よ、わが秘めやかなる中心、わが心臓、そしてわが舌となりたまえ！

7．見よ！　そはホール－パアル－クラアトの従者たる〈エイワス〉により啓示されたのだ。
8．〈クハブス〉は〈クフ〉の内にあるのであって、〈クフ〉が〈クハブス〉の内にあるのではない。
9．されば〈クハブス〉を崇拝し、わが光がそなたの頭上に注ぐのを見るがよい。
10．わが下僕《しもべ》たちを小勢にして知られざる存在であらせたまえ。彼らには多勢と既知なる者どもを支配させるのだ。
11．こやつらは人びとが崇め奉る愚者たちにすぎぬ。やつらの〈神々〉もやつらの手下どもも愚か者なのだ。
12．出《い》で来たれ、おお子らよ、星々の下《もと》へ。
そして心ゆくまで愛を満喫するがよい！
13．われはそなたの上方にありながら、そなたの内にもある。わが脱我《エクスタシー》はそなたの脱我の内にある。わが悦びはそなたの悦びを見ることに等しい。

14．上の方、宝石をちりばめたかのごとく輝く碧空《へきくう》こそは
〈ヌイト〉のあらわな光輝である。
〈ハディート〉の秘められた熱情に
口づけしようとして彼女は恍惚としながら身をかがめる。
翼ある地球と星明かりの蒼い夜空は
わがものなり、おおアンクー－アフ－ナ－コンスよ！

15．いざ汝らに知らしめん。無窮の空間の祭司にして使徒となるべく選ばれし者こそ、君主－祭司たる〈野獣〉にほかならぬことを。また、〈緋色の女〉と呼ばれる彼の情婦の内に一切の力が賦与されているということも。彼らには私の子らを皆一緒に彼らの羊舎に入れさせよう。彼らには星々の栄光を人びとの心の内へと

運び込ませせよう。

16. なぜなら、彼はいついかなる時も一個の太陽であり、彼女は一個の月だからである。だが、彼には翼をそなえた秘密の炎があり、彼女には頭上より射す星の光がある。

17. しかし、汝らはかように選ばれし者にあらず。

18. 彼らの額《ひたい》の上で燃え上がるがよい、おお光輝に満ちた蛇よ！

19. おお蒼き瞼《まぶた》の女よ、彼らの上に身をかがめるのだ。

20. 諸儀礼の鍵鑰《けんやく》は、私が彼に授けた秘密の言葉の中にある。

21. 〈神〉と〈崇敬者〉にとっては私なぞ何者でもない。彼らにはこの私が見えないのだ。彼らは地上にいるも同然である。私こそは〈天界〉であって、私とわが主たる〈ハディート〉以外に〈神〉はいない。

22. かくして私は〈ヌイト〉という自らの名によって汝らに知ら

れるところとなり、彼には、ついに私を知る時が訪れたならば私が彼に授けてやるつもりの秘密の名で、知られることになるのだ。私は〈無窮の空間〉であり、かつそこにある〈無数の星々〉でもあるのだから、汝らもまたかくの如く行なうがよい。何ものをも束縛するなかれ！　汝ら同士で如何なる二物の間にも差異を生ませてはならぬ。なんとなれば、それによりて傷手が生ずるからなのだ。

23・しかるに、ここにて利する者があるならば、誰であれ、万人の首長となすがよい！

24・われは〈ヌイト〉なり。わが言葉は五十六である。

25・割り、足し、掛け、そして解を得よ。

26・しかる後に、麗しき唯一者の、預言者にして奴隷たる者、曰く。私は何者なのか、そして何がその徴《サイン》しとなるのか？　そこで彼女は彼に答えて言った。かがみ込みながら、一切に触れ一切を突き通す青い炎をゆらめかせ、愛らしい両の手を黒い大地におき、しなやかな軀《からだ》は愛の予感に弓ぞりになり、そして柔らかな足は小さな花を傷つけることなく、こう言ったのだ。汝は承知のはず！

そして徴《サイン》しはこの私の脱我《エクスタシー》、存在の連続性の意識、私の軀の遍在性となろう。

27．すると今度は祭司が、これに答えて〈空間の女王〉に向かって言った。女王の愛らしい眉に口づけしながら、彼女から滴る光の露が、芳《かぐわ》しい汗の香水となって彼の全身を包むなかを、このように言ったのだ。おお〈ヌイト〉よ、〈天界〉の絶えざる一者よ、とこしえにかくあらしめたまえ。人びとが〈汝〉を〈一者〉としてではなく〈無なる者〉として語るように。さらには人びとが汝のことを全く口にしなくなるようにさせたまえ。汝が絶えることなき者なればなり！

28・たまゆらの幽《かそ》けき光を放った星々は皆無、でありながら二つ。

29・なぜなら、私は愛のために分裂させられているからだ、合体の機が熟す秋《とき》のために。

30・これこそが世界の創造なのだ。分裂の苦痛など無の如きものであり、分解の歓びこそ一切である。

31・この愚かな人間どもや奴らの悲哀など、汝は露《つゆ》ほども気にかけることなかれ！　奴らは鈍感なのだ。在《あ》るものはといえば、脆弱な悦楽と釣り合う程度のものだけだ。しかし、汝らはわが選良だ。

32・わが預言者に従うがよい！　私を知るという試練を最後までくぐり抜けんことを！　われのみを探求せよ！　さすればわが愛の授ける悦びが、汝らをあらゆる苦痛から救い出してくれよう。

まことにこの通りなのだ。私は自らの肉体の深奥にかけてこれを誓う。私の聖なる心臓と舌にかけて、私が与えうるすべてのものにかけて、私が汝ら皆に望む一切のことにかけて、これを誓うのだ。

33. すると祭司は深い忘我の境もしくは失神状態に陥るや、〈天界の女王〉に向かって曰く、われらのために試練の数々を書き記したまえ。われらのために諸々の儀礼を書き記したまえ。われらのために法を書き記したまえ！

34. しかし、女王は応えて曰く、試練を私は書き記したりはしない。儀礼の半分は知らしめてやるが、残りの半分は隠しておこう。〈法〉は万人のためのものだ。

35. 汝がここに書き記しているものこそ、〈法〉の三重の書にほかならぬ。

36・君主たちの祭司たるわが筆記者〈アンクーーアフーナーコンス〉には、本書を一文字といえども改変させはしない。ただし、愚かな過ちのなきよう、彼には〈ラーーホールークイト〉の智慧により て注解を付させることにしよう。

37・神呪《マントラ》と呪文《スペル》、妖術《オービア》と巫術《ワンガ》、杖の作業と剣の作業、これらをも彼に学ばせ、そして教えさせよう。

38・彼は教えねばならぬ。だが、試練は苛酷なものにしてよい。

39・〈法〉の言葉はΘελημα《テレマ》である。

40・私たちを〈テレマ教徒〉と呼ぶ者も、この言葉を仔細に検討すれば、法に叛《そむ》くことはあるまい。それというのも、テレマ教のなかには、〈隠者〉・〈愛する者〉・〈地上〉の人、という〈三つの位階〉があるからだ。汝の意志するところを行なえ。これこそ〈法〉のすべてとならん。

41. 〈罪〉の言葉は〈制約〉である。おお男よ！　本人が意志するのならば、汝の妻を拒むなかれ！　おお愛する者よ、汝が意志するのであれば、なすがよい！　分かたれた者を結びつけるのは愛しかない。他の一切は呪いである。呪われるがよい！　永劫《アイオン》の果てまで呪われるがよいのだ！　地獄め。

42. 多数というあの状態に歯止めをかけ、唾棄すべきものとするのだ。汝の所有する一切についても同じことだ。汝には自らの意志するところを行なうしか権利がないのだ。

43. それだけを行なえ。他の誰にも嫌とは言わせるな。

44. なぜなら、目的に手加減することなく、しかも結果ばかりを追い求める欲動からは解放された、純粋な意志というものは、あらゆる点で完璧なものだからだ。

45. 〈完璧〉と〈完璧〉を足し合わせても、一つの〈完璧〉になるだけで、二つにはならない。否、無になるのだ！

46．零《ゼロ》がこの法の一つの秘鑰《ひやく》である。ユダヤ人たちはそれを六十一と呼んでいる。私はそれを、八、八十、四〇〇と十八と呼ぶ。

47．しかし、これでは半面の真理しか伝えていないことになる。すべてが消滅してしまうように、汝の業《わざ》によりて統合せよ。

48．わが預言者は一、一、一の愚者である。彼らは〈雄牛〉ではあるまいか。また、〈書〉によれば無ではなかろうか。

49．あらゆる儀礼、あらゆる試練、あらゆる言葉と記号は、悉《ことごと》く廃棄されている。〈ラー‐ホール‐クイト〉は〈神々の春秋分点《エクイノクス》〉の際に〈東方〉で自らの座についた。どちらもそれぞれ一である〈アサル〉と〈イサ〉を一緒にさせよ。しかし、彼らは私に属するものではない。〈アサル〉は崇敬者に、〈イサ〉は受難者にせよ。自らの秘密の名において光輝に包まれた〈ホール〉こそ、秘儀を伝授する〈主〉である。

50．〈秘儀の神官《ハイエロファント》〉の務めについて一言《ひとこと》述べておくべきことがある。見よ！　三つの試練が一つになっており、これは三通りの方法で与えられるかもしれぬ。無神経な者は火焔の中をくぐらねばならず、繊細な者には知性の試練を受けさせよ。そして、選ばれし気高い者たちには最高の試練を受けさせるがよい。かくして汝らは星と星、星系と星系を持つことになる。一方の者に他方の者をよく知らしめてはならぬ。

51．一つの宮殿に至る門が四つある。その宮殿の床《ゆか》は銀と金でできている。宮殿内には青金石《ラピスラズリ》と碧玉があり、ありとあらゆる類い稀な香りがたちこめ、ジャスミンと薔薇、そして死の紋章がある。彼をその四つの門から順に、あるいは一時《いっとき》に入らせよ。宮殿の床に立たせるのだ。彼は沈んでしまわないか？〈アムン〉。ほーっ！　戦士よ、もし汝の下僕が沈んでしまうようなことがあるなら、どうするのだ。しかし、やり方はいくらでもある。だから堂々と構えておれ。汝らは皆、立派な衣裳を纏《まと》うがよい。滋味豊かな料理を食し、甘美なワインを飲むのだ、泡立ちあふれるようなワインを！　また、汝らの欲するままに、いつでも、どこでも、誰とでも、心ゆくまで汝らの愛の意志を満喫するがよい！　ただし、常に私の方に向かってそうするのだ。

52．もしこれがうまく行かぬようなことがあれば、もし汝らが字《スペ》間《ース》を示す記号の意味を取り違えて、彼らは一者だと言ってみたり、あるいは、彼らは多者だと言ったりするならば、もしも儀礼が私に向けて行なわれないようなことが片時でもあるならば、その時には、〈ラー‐ホール‐クイト〉の不吉な判断を覚悟しておくがよい！

53. これによって世界を再生させてやろう。わが姉妹でありわが心臓にしてわが舌でもある、私がこの口づけを送る相手たるあの小世界を。また、おお筆記者にして預言者たる汝よ、君主たちに仕える者といえども、それが汝の気持ちを和らげてくれるわけでもなければ、罪の赦しを授けてくれるわけでもない。だが、脱我《エクスタシー》は汝のものであり、地上の歓びである。いつ如何なる時も私の方へ！　わが方へ！

54. ほんの一文字の書体といえども、これをおろそかにして変えてはならぬ。なぜなら、見よ！　汝には、おお預言者よ、そこに隠されたこれらの秘儀のすべてを目の当たりにすることが許されてはいないからだ。

55. 汝の臓腑の子供たる彼にこそ秘儀の全容が明かされるであろう。

56・彼が〈東方〉から来ると思うな。かといって〈西方〉からとも思ってはならぬ。なぜなら、まったく予想もしていなかった宿りから、あの子供は現われ出づるのだから。〈唵《オーム》〉！　すべての言葉は神聖なものであり、預言者はひとり残らず真正な者たちである。ただし、彼らに理解できるところはわずかしかない。方程式の左辺は解いても、右辺の方は手つかずのまま放ったらかしだ。しかし、汝には一切が澄明な光の中にあり、すべてでないにしても、闇の中にあるものもある。

57・わが星々の下《もと》にわれを召喚せよ！　愛こそ法なり、意志下の愛こそが。愚者どもに愛を誤解させてはならない。愛にも色々あるからだ。鳩もいれば、蛇もいる。汝らが良き選択をされんことを！　彼は選んだのだ、わが預言者よ、砦の法も、〈神の館〉の大秘奥をも心得て。

わが〈書〉に記されたこれらの古《いにしえ》の文字はすべてまことのものなり。されど、צ（ヘブライ文字のツァディ）は〈星〉ではない。これもまた秘密なのだ。この秘密はわが預言者から、賢き者たちに啓示させることにしよう。

58．地上では想像すらできない数々の歓びを私は与える。生命《いのち》ある間に、信仰ではなく必然性を死に付与する。名状しがたい静謐、休息、脱我《エクスタシー》を与える。また私は供犠として何物をも要求したりはしない。

59．私の香気は樹脂を含んだ木材とゴムが成分だ。血など入ってはおらぬ。私の毛髪が〈永遠〉の樹木であるがためだ。

60．私の数字は十一であり、われらが同胞たち皆の数字と同じである。〈中央〉に〈円環〉をもつ〈五芒星〉、その円環の色は〈赤〉である。わが色は、盲目の者たちには黒だが、見方によっては青みがかった黄金に見える。われを愛する者たちに対しては秘密の光輝をも私は持っているのだ。

61・しかし、私を愛することこそ、何ものにも優るのである。もしも砂漠の星空の下《もと》で、汝が私の目の前でわが香を直ちに燻《た》き、純真な気持ちをもって私を召喚し、心中には〈蛇〉の如き炎を燃え上がらせるならば、汝をわが胸の中に身を任せるべく、少しばかり近寄らせよう。一度《ひとたび》口づけを交わしたならば、汝は自ら進んですべてを与えようとするであろう。

だが、塵《ちり》の一粒でも与える者があるならば、誰であろうとその瞬間にすべてを失うことになるのだ。汝らには諸々の品々や大勢の女たちや香辛料《スパイス》が手に入るようにしてやろう。高価な宝石を身につけさせてやろう。壮麗さといい誇りの高さといい、地上のどんな民族をも凌駕するほどにしてやろう。しかしいついかなる時も私への愛を忘れてはならない。そうして汝らはわが歓びとなるのだ。どうか外衣《ローブ》一枚だけの姿で、頭は豪奢に飾り立てて、私の目の前に来てもらいたい。われは汝らを愛す！　われは汝らに身を焼く想いだ！　青ざめていようと紫色であろうと、覆い隠されていようと、あからさまに淫らであろうと、快楽と肉慾のかたまりであり、最も深いところで感覚が酩酊しているこの私は、そなたを欲するばかりなのだ。翼をつけて、自らの内にとぐろを巻く光輝を奮い起こし、わが方へ来たれ！

62．私がそなたと会する祈りの際には、いつでも女祭司にこう言わせよう――そして、その女祭司が私の秘密の神殿の中で、露わな姿のまま歓天喜地の至境に達して立っている時、彼女の双《そう》眸《ぼう》を欲望で燃え上がらせてやろう――私のもとへ！　わが方へ！　と。そうして彼女の愛の詠唱の轟くなか、万人の心の炎を喚び起こすのだ。

63・私に向かって狂喜を呼ぶ愛の唄を歌ってくれ！ 私に向けて香料を焚いてくれ！ 私のために宝石で身を飾ってくれ！ 私に乾杯するがよい。私はそなたを愛しているのだから！ われはそなたを愛す！

64・私は〈日没〉の青い瞼をした娘である。私は肉感的な夜空のむき出しの煌《きらめ》きだ。

65・私のもとへ！ わが方へ！

66・〈ヌイト〉の〈顕現〉はここにて終極となる。

II

1．〈ヌー〉よ！　〈ハディート〉を掩蔽《えんぺい》するもの。

2．来たれ、汝ら皆の者よ！　未だ明かされたことのない秘密を学ぶがよい。〈ハディート〉たるこの私は、わが花嫁〈ヌー〉とは補完し合う存在だ。私は拡張されてはいない。〈クハブス〉はわが〈住み処〉の名である。

3．天球において、私は至る処で中心であり、円周たる彼女はどこにも見当たらない。

4．しかし、それでも彼女は知られようが、この私は知られることがない。

5. 見よ！　古き時代の諸儀礼は黒きものなのだ。邪悪な儀礼はかなぐり捨ててしまえ。善き儀礼を預言者に浄めてもらうがよい！　さすればこの〈知〉は真《まこと》のものとなろう。

6. 私はあらゆる人間の心臓の中で、そしてあらゆる星の中核の中で燃える炎である。私は〈生命《いのち》〉であると同時に〈生命《いのち》〉を授ける者でもある。しかるに、私を知ることは死を知ることに等しい。

7. 私は〈魔術師〉であり〈祓魔師《エクソシスト》〉である。私は車輪の軸であり、円の中にある立方体である。「わが方へ来たれ」とは愚言にすぎぬ。実際に赴《おもむ》くのは、ほかならぬこの私なのだから。

8. 〈ヘル－パア－クラアト〉を崇拝していた者どもが、この私をもこれまで崇拝してきた。都合の悪いことだ。なにしろ、私こそが崇拝者なのだから。
9．汝らはひとり残らず次のことをよく覚えておくがよい。存在とは純粋な歓びである。悲しみとはすべて影の如きものにすぎぬ。悲しみは移ろい行き、いつしか果ててしまう。しかし、相も変わらず残っている存在というものがあるのだ。
10．おお預言者よ！　汝にはここに記されたことを学ぼうとする悪しき意志がある。
11．汝が手と筆《ペン》を忌み嫌うのが私には看取できる。しかし私のほうが強き者なのだ。
12．それというのも、汝が与《あずか》り知らぬ〈われ〉というものが〈汝〉の中にあるからだ。
13．何ゆえにと言われるか？　なぜなら、汝は知る者であったし、同時に〈われ〉でもあったからだ。

14・さあ、この聖堂にヴェールをかけるがよい。今や人間どもにいやというほど光を浴びせかけて、目が眩んで何も見えぬほど光で喰いつくしてしまうがよい！

15・なにしろ、この私は〈否《ノット》〉なるをもって完璧な者なのだから。そして私の数はといえば、愚者たちによると九だが、公正なる者たちと共にあっては私は八であり、八の中の一である。こちらのほうが枢要だ。なぜかと言えば、私は実のところ無《ゼロ》だからだ。〈女帝〉と〈王〉とは私に属するものではない。というのも、このほかにもまだ秘密があるのだ。

16・私は〈女帝〉であり〈神　官《ハイエロファント》〉である。したがって、わが花嫁が十一であるように、この私も十一ということになる。

17・私に耳を傾けるのだ、汝ら嘆息の民よ！
苦痛と悔恨の哀しみは

死者と死にゆく者どもに
未だ私を知るに至らぬ民にゆだねられているのだ。

18．死んでいるのだ、こやつらは。あの連中には感覚がないのだ。
私たちは哀れな者や悲しみに暮れる者には用などない。地上の主《しゅ》
たちこそ、われらの親族にほかならない。

19．〈神〉というものが犬に宿ることはあろうか？　そんなわけ
はない。しかし、最上の者たちは私たちの仲間だ。われらが選良
たちには歓喜を与えて進ぜよう。だが、悲嘆に暮れる者は、私た
ちとは無縁の輩《やから》なのだ。

20．美と強さ、はじけるような笑いと快いけだるさ、力と火、こ
れらこそ私たちにふさわしい。

21．つまはじきにされた者や適応力に欠ける者などとは、私たち
は何の関わりもない。そうした手合いには困窮にあえぎながら死

んでもらうよりほか致し方ない。なにしろ彼らには感覚がないのだ。同情というのは王侯たちが示す悪徳だ。惨めな者や脆弱な連中は踏みつぶしてしまえ。これが強者の法だ。これがわれらの法であり世界の歓びなのだ。思い煩うでない、おお王よ、〈汝死すべし〉などという虚言について。寔《まこと》に、汝を死なせたりせずに、生かしてやろう。さあ、肝に銘じておくがよい、たとえ〈王〉の肉体が分解しようとも、彼は未来永劫、純粋な脱我《エクスタシー》の状態にとどまることになるのだ。〈ヌイト〉よ！〈ハディート〉よ！〈ラー－ホール－クイト〉よ！〈太陽〉、〈力と視力〉、〈光〉、いずれも〈星〉と〈蛇〉に仕える従僕のためにあるのだ。

22．私は〈知識〉と〈悦び〉と輝かしい栄光を与え、人心を酩酊で搔き乱す〈蛇〉である。私を崇拝するのなら、私がこれからわが預言者に教えておくワインと妙薬をまず飲んで、酔っ払ってしまうのだ！　それで汝らに害が及ぶことは微塵もない。自己に対するこの愚行こそは虚偽である。無垢の暴露など虚言にすぎない。しっかりするのだ、おお人間よ！　官能と陶酔を余すところなく享受するがよい。これゆえに汝を拒絶する〈神〉がどこかにいるのではないかと恐れるなかれ。

23．私は独りだ。私のいるところには〈神〉などいやしない。

24．見よ！　これらは厳粛なる秘儀とならん。なにしろ、隠者たらんとするわが友人たちの秘儀でもあるからだ。だからといって、森の中や山の上で彼らを見つけようなどと考えないでもらいたい。そうではなくて、その姿は紫の床《とこ》の中に見られるのだ。眼には炎と光を宿らせ、燃え上がる豊かな髪を振り乱している大きな手足の堂々たる獣さながらの女たちから愛撫を受けている姿がそこにあるのだ。汝らは彼らが支配している姿を、勝ち誇る軍隊に配属されている姿を、あらゆる歓びを噛みしめている姿を目の当たりにすることになろう。それだけではなく、その百万倍も大きい歓びが彼らの内に注がれることになるのだ。何人《なんぴと》も他の者に無理強いしないいように、〈王〉と〈王〉が敵対しないように気をつけるがよい！　熱く燃える心をもって互いに愛し合うのだ。汝らは憤怒を抑えがたくなった時には、自らの誇り《プライド》を昂然と希求し、下位の者どもなど踏みつぶしてしまえ。

25・汝らは大衆と相対峙しているのだ、おお選良たちよ。

26・私は今にも飛びかかろうとしてとぐろを巻いている秘密の〈蛇〉なのだ。とぐろを巻くことに歓びを感じる。私が頭をもたげると、私と〈ヌイト〉は一体となる。頭《こうべ》をたれて毒液を射出すると、地上の歓喜が湧き上がり、私と大地は一体となる。

27・私は自らの内に大いなる危険を孕んでいる。というのも、ここにある神秘の文字を理解していない者は、大きな過ちを犯すことになるからだ。彼は〈その《ビ》わけは《コーズ》〉という名の奈落に陥り、そこで〈理由〉という犬どもと共に破滅することになろう。

28．さあ、〈その《ビ》わけは《コーズ》〉とその同類など呪われてしまえ！

29．〈その《ビ》わけは《コーズ》〉など永劫に呪われろ！

30．もしも〈意志〉が立ち止まって、〈その《ビ》わけは《コーズ》〉を召喚しながら、〈何故〉と叫んだりすれば、〈意志〉は停止して何事をも為さずじまいになってしまう。

31．もしも〈力《パワー》〉がなぜと問うようなことがあれば、〈力〉も弱さにすぎなくなる。

32．理由というのもまた虚言である。なにしろそこには無限にして未知の要因があるのだから。奴らの言葉などどれもこれもこじつけにすぎない。

33・〈そのわけは《ビコーズ》〉などもうたくさんだ！　そんなものは呪われて犬に食われろ！

34・しかし汝らは、おおわが民よ、立ち上がり、覚醒《めざめ》るのだ！

35・歓びと美をもって諸儀礼が正しく執り行なわれんことを！

36・諸元素の儀礼もあれば、時候に応じた祝宴もある。

37・〈預言者〉とその〈花嫁〉の初夜のための祝宴！

38・〈法の書〉の筆記に要した三日間のための祝宴。

39・〈タヒュティ〉と〈預言者〉の子供のための祝宴――これは秘密だ、おお〈預言者〉よ！

40・〈至高の儀礼〉のための祝宴、そして〈神々の春秋分点《エクイノクス》〉のための祝宴。

41・火のための祝宴と水のための祝宴。生命のための祝宴と、死のためにはさらに盛大な祝宴を！

42. わが歓喜を愉しみつつ汝が心の中で日々行なう祝宴！
43. 夜ごと行なう〈ヌー〉に捧げる祝宴と、無上の愉悦を味わう歓び！
44. そうだ！　祝宴だ！　喜ぶがよい！　これからは恐れることなど何もない。〈ヌー〉の口づけには分解と永遠の脱我《エクスタシー》とがあるのだ。
45. 犬どものためには死がある。
46. 汝は仕損じるか？　汝は遺憾に思うか？　汝の心には恐れがあるか？
47. 私のいるところには、そんなものはない。
48. 墜ちた者どもを憐れむなかれ！　私はそんな連中を知ったためしなど一度としてない。私は彼らのために存在しているわけではないのだ。私は慰めたりしない。慰める者も慰められる者も、私は一様に憎悪してやまぬ。

49. 私は唯一無二の存在であり征服者である。私は死滅する奴隷たちに肩入れするものではない。奴隷など呪われてくたばってしまえ！　かくあれかし《アーメン》（この言葉は四に関わるものだが、眼には見えぬ第五のものがあり、その中では私は卵の中の嬰児のごとくである）。

50. 私は青であり、わが花嫁の光を浴びて黄金色となる。しかし私の眼には真紅の煌《きらめ》きがあり、身を飾るスパンコールは紫と緑だ。

51. 紫を超えた紫。それは視界の彼方、遥か高みにある光だ。

52. ヴェールがある。そのヴェールの色は黒。それは慎み深い婦人のヴェールである。哀しみのヴェールであり、死の帳《とばり》である。これは私には関わりのないものだ。幾世紀もの間生き延びてきた、あの虚言を弄する亡霊など引き裂いてしまえ。汝の悪徳を有徳の言葉のヴェールで覆うなかれ。これらの悪徳はこの私のなすべき業《わざ》なのだ。汝らはうまくやるがよい。さすれば今後とも私が汝らに褒美を与えよう。

53. 恐れるなかれ、おお預言者よ、そう言ったからには、汝には後悔はさせぬ。汝は紛う方なきわが選良であり、汝が喜びの気持ちと共に眺める眼は幸いなるかな。しかし、私は汝を悲しみの仮面の奥に隠すことにしよう。汝を見る者たちには、汝が堕落した者と思わせてやろう。だが、私は汝を引き揚げてやる。

54. また汝の言動を無意味だと決めつけて言いふらす愚かな連中には役立たずにしてやろう。それを汝は暴くことになるのだ。汝には有用な働きをさせてやろう。連中は〈そのわけは《ビコーズ》〉の奴隷にすぎないから、私の同類ではない。句読点は汝の好きなように打つがよい。文字はどうするか？　文字は書体も意味も変えてはならぬ！

55・汝には英語のアルファベットの順番と意味を授けてやろう。その順番と意味を担った新しい記号《シンボル》が汝にはわかるようにしてやろう。

56・去るがよい！　汝らあざ笑う者どもよ。たとえ汝らが私に敬意を表して笑っているにせよ、いつまでも笑わせてはおかぬぞ。だから汝らが悲しみを覚えたならば、私に見捨てられたものと悟るがよい。

57・正しき者はいつまでも正しき者のままでいさせよう。汚《けが》れた者はいつまでも汚れたままにしておこう。

58・然《しか》り！　変化など考えるな。汝らはこれからも今のままの汝らであって、他の者になりはしない。だから、地上の王たちは永遠に〈王たち〉にしておこう。そして奴隷たちには王に仕えさせよう。投げ落とされたり引き揚げられたりするものなど何もない。一切は元のままなのだ。だが、仮面をかぶっている者たちがいるのだ、わが従僕たちよ。向こうにいる乞食は〈王〉かもしれぬ。〈王〉は自分の衣服を好きなように選ぶだろう。確かめる術《すべ》はない。しかし、乞食には自らの貧困を隠すことができない。

59．だから気をつけるのだ！　分け隔てなく誰をも愛すがよいぞ、王が隠れているかもしれぬのだから！　そんなことはないだと？　愚か者め！　相手が〈王〉だったら、汝が害を及ぼすことなどできないのだ。

60．だから強弱をつけて打ちのめし、くたばらせてしまえ、首領《マスター》よ！

61．汝の眼の前には明かりがある、おお預言者よ、望まれていないのに、ひどく望ましい明かりが。

62・私は汝の心の中で高揚させられ、星々の口づけが汝の軀《からだ》に雨と降り注ぐ。

63・吸気《インスピレーション》を目一杯淫らなまでに取り込んで汝は疲れ切る。呼気は死よりも甘美で、〈地獄〉そのものの虫けらの愛撫よりも迅速で笑いを誘う。

64・おお！　汝は圧倒された。われらが汝に取り憑いたのだ。われらの悦びは汝の全身にまとわりついている。万歳！　ようこそ。〈ヌー〉の預言者よ！　〈ハド〉の預言者よ！　〈ラー＝ホール＝クイト〉の預言者よ！　さあ歓ぶがよい！　われらの輝きと歓喜の中へ！　われらの熱き平安に相和《あいわ》し、〈王たち〉のために甘美な言葉を書き記すがよい！

65・私が〈首領〉であり、汝は〈聖なる選ばれし者〉なり。

66・書け、そして書くことに脱我《エクスタシー》を見出すのだ！　務めに励め、そうして励みながらわれらの寝床となれ！　生と死の悦びに打ち震えるのだ！　ああ！　汝の死を麗しきものとしてやろう。それを眼にする者には喜びを与えん。汝の死はわれらの永年の愛の約束の証《あか》しとしよう。さあ！　汝の心を高揚させ、歓喜を味わうがよい！　私たちは一つであり、私たちは無である。

67. 持ちこたえよ！　持ちこたえるのだ！　歓喜に浸りながら踏ん張るのだ。得も言えぬ口づけに我を忘れてはならぬ！

68. もっとしっかりと！　背筋を伸ばして！　頭を上げろ！　そんなに深く呼吸をするな！　死ぬのだ！

69. ああ！　ああ！　私が感じているのは何だ？　言葉はもう尽きたのか？

70. 他の呪文にも救いや望みはある。智慧はこう言っている。強くあれ！　と。さすれば汝はもっと喜びにも耐えられるのだ。畜生のようになってはいかん。汝の歓喜を洗練せよ！　酒を飲むのなら、藝術の九十八の規則に従って飲め。愛するのなら、繊細さでは負けるな。なんであれ愉しいことをするのなら、そこに捉えがたいものを加えるのだ！

71．何ものをも上回ることだ！　上を目指せ！

72．さらに多くのものを得るために粉骨砕身せよ！　もし汝が寔《まこと》に私のものであるならば、——これを疑うなかれ、また、汝が歓喜に身を委ねているのならば！——死こそ万物の精華だ。

73．ああ！　ああ！　死よ！　死よ！　汝には死を渇望させよう。死は禁じられているのだ、おお人間よ、汝に対しては。

74．汝の渇望の長さをそのままその栄光の強さにしてやろう。長寿を得ながらも死を大いに欲してやまぬ者こそ、まさに〈王〉の中の〈王〉なのだ。
75．そうとも！　次の数字と言葉に耳を傾けるがよい。
76．4638ABK24ALGMOR3YX2489RPSTOVAL。
これは何を意味するのか、おお預言者よ？　汝は知りはしない。

これからも知ることはないのだ。汝の後に従う者が一人やって来る。その男に詳しく説明させることにしよう。しかし、覚えておくがよい、おお選ばれし者よ、汝が私になるのだということを、星のまたたく天界で〈ヌー〉の愛に従うのだということを、人間たちに目を向けて、この喜ばしい言葉を彼らに告げるのだということを。
77．おお、汝が人びとの間にあって誇り高く強靭であらんことを！
78．背筋を伸ばすのだ！　人びとの間にも〈神々〉のなかにも汝に似かよった者などひとりとしていやしない！　背筋を伸ばせ、おおわが預言者よ、汝の背丈は星をしのぐことになろう。そして人びとには汝の名を崇拝させることにしよう、四角四面で神秘的で驚異に満ちた汝の名前を、人間の数値を、崇拝させるのだ。汝の館四一八の名前をも。

79．〈ハディート〉の掩蔽もこれまでだ。そして麗しき〈星〉の預言者に祝福と崇拝を！

III

1. 〈アブラハダブラ〉。〈ラー－ホール－クイト〉の褒美《リウ》／再防護《オード》。

2. こちらのほう、家路に向かって分裂がある。知られざる言葉がある。綴りはもう今は存在しない。一切は何ものでもなくなっている。油断するな！　持ちこたえよ！　〈ラー－ホール－クイト〉の呪文を甦らせるのだ！

3. さあ、まずは私が〈戦争〉と〈復讐〉の神であることを理解しておくように。私が戦争と復讐を扱うことはほとんどない。

4. 汝らは島を一つ選ぶがよい！

5．その島を砦として防御を固めよ！
6．島には隈無く兵器を配備せよ！
7．戦争用の機関は私が汝らに与えよう。
8．それをもって汝らは諸国の民を粉砕するがよい。汝らの行く手を誰にも阻ませないようにしてやろう。
9．潜伏せよ！　退却だ！　攻撃開始！　これが〈征服の戦闘〉の〈法〉だ。かくして私を崇拝する者たちが、わが秘密の館を取り巻くことになるのだ。
10．啓示の銘板《ステーレー》を確保し、それを汝の秘密の神殿の中に据えよ
――その神殿はすでに然るべき準備がなされている――そこが永遠に汝の〈礼拝方向《キブラ》〉となろう。それは色褪せるどころか、日一日と摩訶不思議な色合いを増してゆく。世界に対する証しとして、これを鍵のかかったガラスの器に厳重に保管しておくがよ

い。

11．これこそ汝の唯一の証しとならん。議論など無用だ。征服せよ！　必要なのはそれだけだ。〈凱旋の都市〉にある雑然たる建物を汝が容易に復元できるようにしてやろう。崇拝の念を抱きつつ汝自らがそれを運ぶことになるのだ、おお預言者よ、汝が好むと好まざるとにかかわらず。汝には危険と難題を与えよう。〈ラー－ホール－クイト〉は汝と共にある。火と血をもって私を崇拝せよ。剣と槍をもって私を崇拝せよ。私の前で女の腰に剣を帯びさせるのだ。わが名に向かって血が流れ出すようにせよ。〈邪教徒〉は踏み潰せ。奴らを攻撃せよ、おお戦士よ、連中の肉を汝らに喰わせてやろう！

12．大小を問わず牛を犠牲《いけにえ》にするのだ、そのあとで今度は子供だ。

13．しかし今ではない。

14．その時は教えてやろう、おお幸いなる〈野獣〉よ、そして彼の欲する〈緋色の妾〉よ！

15．汝らにはその悲しみを味わわせてやろう。

16．約束通りのことを手に入れようと、そればかり考えるな。呪いを受けることを恐れてはならない。汝ら、汝らでさえ、ここに記されたことの意味をすべて承知しているわけではないのだ。

17．何事をも恐れてはならぬ。人間も、〈宿命〉も、神々も、いかなるものをも恐れるなかれ。金銭を恐れるな、愚鈍な民の哄笑も、天上・地上・地下のいかなる他の力をも恐れるなかれ。〈ハディート〉が汝の光であるがごとく、〈ヌー〉は汝の隠れ家なのだ。私は汝の両腕の強さであり、力であり、活力なのだ。

18．慈悲など無用だ。憐れみをかける者など呪われろ。手にかけて責め苦を味わわせてやるのだ。手加減無用。襲いかかれ！

19．あの銘板を彼らには〈聖地を荒らす忌まわしきもの〉と呼ばせよう。その名の数値をつぶさに数え上げてみよ。すると、それは汝にとっては七一八となろう。

20．何故だというのか？　〈そのわけは《ビコーズ》〉の失墜ゆえに、あやつはもう二度と現われはしないのだ。

21．私の像を〈東方〉に建てるがよい。汝が承知している像とさほど異なるものではないが、汝だけに私が特別に見せてやる像を自分で購《あがな》うがよい。そうすれば、汝がこれを行なうことがにわかに容易になるのだ。

22．ほかにも私を支えるべく私の周囲に群がっている像が幾体もある。これらすべてを崇拝させよ。なにしろそれらの像は一丸となってこの私を褒めそやしてくれるのだから。私は目に見える崇拝の対象なのだ。それ以外は秘密裡にあり、彼らは〈野獣〉とその〈花嫁〉のためのものであり、〈試練X〉を耐え抜いた者たちのためのものだ。これは何なのか？　汝にはいずれ教えてやろう。
23．香料にするには、小麦粉と蜂蜜と赤ワインの濃い澱《おり》を混ぜ合わせ、そこに〈アブラメリン〉のオイルとオリーブオイルを加え、最後にたっぷりと生き血で柔らかみと丸みを与えるのだ。
24．最良の血は毎月の経血である。次善は子供の鮮血か日月星辰の降らせるしずくで、その次が敵どもの血、そして祭司の血か崇拝者たちの血、最後に獣ならなんでもかまわぬから、その血だ。
25．これを燃やすのだ。それをケーキにして、私の方を向いて食べるのだ。これにはもう一つ別の効用がある。それを私の前に置いて、汝の祈りを香料のようにして厚く包んでおくのだ。すると、それは謂《い》わば甲虫や、私にとって神聖な爬虫類が群がって覆いつくすことになるだろう。

26・汝の敵どもを名指しつつ、これらを駆除するのだ。そうすれば、それらは汝の前に屈するだろう。

27・また、これらを喰らえば汝の内に情欲と欲望の力が生まれることになるのだ。

28・また、汝らには闘いで強大な力を発揮させてやろう。

29・さらに、それらを長く保存すればするほどなおさら良い。なにしろそれらは私の力によって増大するのだから。私の前に置かれたものは皆そうなる。

30・私の祭壇は真鍮製で開放式のものだ。その祭壇で銀か金を焼きつけよ!

31・富める者が〈西方〉より来たりて、汝に黄金を浴びせかけることになろう。

32・黄金を鍛えて火打ち金を造るのだ!

33・いつでも跳びかかれるように、あるいは打ち倒せるように構えよ！

34・しかし、汝の聖所は幾世紀もの間ずっと指一本触れられぬようにしておこう。たとえその聖所が火によって焼け落ちたり、剣によって粉砕されるようなことがあろうとも、眼には見えぬ館がそれでもなおそこに建っており、〈大いなる春秋分点《エクイノクス》〉の終焉まで倒れることなどないのだ。その時が訪れれば、〈フルマキス〉が現われて、二本の杖を携えた者が私の御座《みざ》と地位をわがものとすることになる。別の預言者が現われて、新たな熱狂を天空よりもたらすことになろう。別の女には〈蛇〉の情欲と崇拝を呼び覚まさせよう。〈神〉の別の魂と野獣を宝珠を手にした祭司の内にて合体させよう。墓は別の犠牲《いけにえ》の鮮血で染めてやることにしよう。さらに別の王を君臨させてやろう。〈鷹〉の顔をもつ神秘の

〈主〉にはもう祝福が降り注ぐことはないのだ！

35．〈ホール－パ－クラアト〉や〈ラー－ホール－クート〉と呼ばれる〈ヘル－ラー－ハー〉という言葉の半分。

36．すると預言者が〈神〉に向かってこう言った。

37．われは汝を歌もて崇敬す――

私はテーベの〈主〉であり、私はまた
〈メンチュ〉の霊感を受けた発話者である。
私のために ヴェールを脱ぐのは包み隠された空、
真理の言葉を伝える、自滅した
〈アンクー－アフ－ナ－コンス〉である。私は召喚する、
私は汝の臨席を歓迎する、おお〈ラー－ホール－クイト〉よ！

究極の統一性が明かされた！
〈汝〉の呼気の力を私は敬慕する、
至高にして畏れ多き〈神〉よ、
〈汝〉の前でおののかせるべく
神々と死をお造りになる者よ――
私は、私は汝を敬慕するのだ！

〈ラー〉の御座《みざ》の上に現われたまえ！
〈クー〉の道を拓きたまえ！
〈カー〉の道を照らしたまえ！
〈クハブス〉の道が突き抜けて
私を駆り立てようとするのか、それとも私を鎮めようとするのか！
〈俺《オーム》〉！　私を抹殺させるのだ！

38．かくして、汝の光はわが内にあり、その赤い炎は、汝の厳命を推《お》し進めるべくわが手に握られた剣の如し。あらゆる方位に汝の進路を確保するために私が設ける秘密の扉がある（これらが、汝の書き記した通りの敬慕の言葉である）。次に述べられるが如し。

光はわがものであり、その光線は私を
焼き尽くす。私は秘密の扉を設けた。
それは〈ラー〉と〈テュム〉の〈館〉へと、
〈ケフラー〉と〈アハトール〉の〈館〉へと通ずる。

私は汝の〈テーベ人《びと》〉である、おお〈メンチュ〉よ、
預言者〈アンクー＝アフ＝ナ＝コンス〉なのだ！
〈ベス＝ナ＝マウト〉によりて私はわが胸を鼓動させる。
賢き〈タ＝ネク〉によりて私はわが呪文を織り成す。
汝の星の壮麗なる輝きを示したまえ、おお〈ヌイト〉よ！
汝の〈館〉の内に住まえとわれに命じたまえ、
おお、翼ある光の蛇〈ハディート〉よ！
われと共にとどまりたまえ、〈ラー＝ホール＝クイト〉よ！

39. この一部始終と、そもそも汝がいかようにしてここに至ったかを説き明かす一書、そして絶えずこのインクで紙に記された複写をも附して——英語で記された内容のみならず、インクと

紙の中にも秘密の言葉が宿っているのだから――〈法の書〉は汝の注解をも添えて、手漉きの紙を使用して赤と黒のインクで優美に印刷しなければならない。汝が出会う一人ひとりの男にも女にも、たとえそれが飲食を共にするにすぎない場合であっても、授けて然《しか》るべき〈法〉こそこれにほかならない。授けられた一人ひとりが果たしてその後にこの至福に与《あずか》ろうと与るまいと、それはそれとして構いはしない。ともかく、これを速やかに実行するのだ！

40．その注解をどう作成したら良いかというのか？　それはたやすいことだ。汝の心の内で燃えさかる〈ハディート〉が、迅速かつ確実に汝の筆を進めてくれよう。

41．汝の〈カアバ〉に書院を建てよ。一切が間然するところなく、実務的に行なわれなければならない。

42．数々の試練については、見通しのきかぬものだけは別としても、汝が自ら監督せよ。何ものをも拒絶するなかれ。但し、謀叛を企てる者がいれば、教えてやるから、これを滅ぼすがよい。私は〈ラー－ホール－クイト〉である、そして、わが従僕を守らんがために振るう力は甚大である。成功こそ汝の証《あかし》なのだ。理屈をこねるなかれ！　心変わりするでない！　あまり無駄口をたたくな！　汝を陥れて、その地位を奪おうと企む者には、情け容赦なく攻撃を加えて、完膚なきまでに叩きのめすのだ。踏みつけられた蛇が、間髪《かんはつ》を容れずに向き直り噛みつくが如き素早さを身につけよ！　いや、蛇よりも激烈な破壊力を汝が備えんことを！　刃向かう者どもの魂を引きずり下ろして、地獄の責め苦を味わわせてやれ。奴らの怯《おび》えるさまを笑ってやれ。連中に唾を吐きかけろ！

43．〈緋色の女〉には用心させるがよい！　もしも憐れみや同情や思いやりの気持ちが彼女の心に芽生えたら、またもしも彼女が軟弱な懐旧の情にかまけて、なすべきわが務めをないがしろにするなら、わが復讐のなんたるかを思い知らせてやろう。彼女の子供をなき者にしてやる。彼女の心は孤独に苛《さいな》まれることになろう。私は彼女を人間界から放逐してやるのだ。人目を避け、貶《さげす》まれる娼婦の身となって、雨に濡れた薄暗い街路を這いずり回り、寒さと飢えに苦しみながら死んでもらおう。

44．しかし、彼女には誇りをもって復活してもらわねば！　彼女には私の進む道をついてこさせよう！　悪の業《わざ》を彼女の務めとなさしめるのだ！　自らの心を抹殺させよう。執拗に不義を重ねる女にしてやろう。全身に宝石をちりばめ、贅沢な衣裳をまとい、どんな男の前でも破廉恥な女になるよう仕立ててやるのだ！

45．それから私は彼女を権力の頂点にまでのぼらせてやろう。次に地上のどんな王より力を有した子供を生ませるのだ。私が彼女を悦びで満たしてやる。わが力をたのんで、彼女には〈ヌー〉の崇拝をしかと目に焼き付かせ、それに攻め寄らせるように仕向けてやろう。彼女には〈ハディート〉を成就させよう。

46．私は〈四十代の主〉たる戦士である。〈八十代〉は私の前では竦《すく》み上がってへりくだるのだ。私は汝を勝利へと歓喜へと導こう。闘いにあっては私は汝の傍らに控えていて、汝らには殺戮の快感を味わわせてやろう。成功が汝の証しであり、勇気が汝の鎧《よろい》だ。さあ行け私の力をたのみにして、汝らは何が来ようと退却することなどないのだ！

47　本書はあらゆる言語に翻訳しなければならないが、〈野獣〉が書き記した原文を必ず添えねばならない。偶々《たまたま》その時に書かれた筆跡や文字と文字との位置関係にも、〈野獣〉と雖《いえど》も思い至らぬ奥義が秘められているからだ。〈野獣〉自らが解き明かそうとしても無駄だ。どこからとは言わぬが、彼のあとより来たる者が、一切の〈鍵〉を見出すことになろう。手稿に斜めに引かれたその線（この「線」と次の「円」は手稿の十六ページに記されているもの）こそが鍵となり、この四角の枡目《ますめ》からはみ出た円もまた鍵になるのだ。そして〈アブラハダブラ〉。これを彼の子供にしてしまおう、しかも型破りなやり方で。彼にはこれを追究させてはならない。それというのも、まさに追究しようとすれば、それだけで失敗することになるからだ。

48. さて文字の持つ不思議な力についてはお終いにして、次にもっと神聖な場所へと赴くことにしたい。

49. 私は秘密の四要素の言葉の内にあり、その語は人間の崇めるすべての神々への冒瀆となっている。

50. 神々など呪われよ！　呪われるのだ！　呪われてしまえ！

51. 〈鷹〉の顔をした私は、十字架にかけられているイエスの両眼をついばむ。

52. 私は面と向かってマホメットに羽ばたいて、彼の視界を奪う。

53. わが鉤爪《かぎづめ》にて、インド人と仏教徒、モンゴル人とユダヤ人《ディン》の身を引き裂いてやる。

54. 〈バーラスティ〉！　〈オムペーダ〉！　おまえたちの節度をわきまえぬ綱領など、唾棄すべきものだ。

55. 穢《けが》れなきマリアなど車裂きにしてしまえ。マリアのために、貞淑な女はひとり残らず汝らの間で徹底的に貶《さげす》まれるがよい！

56. そして、美のためにも愛のためにも！

57. 臆病者もひとり残らず軽蔑せよ。戦おうともしない無為徒食の職業軍人も同類だ。愚か者はどいつもこいつも見下してやれ！

58. しかし、鋭敏な者に誇り高き者、高貴な生まれの者に志の高邁な者よ、汝らは同胞である。

59. 同胞として汝らは戦うのだ。

60. 汝の意志するところを行なえ、ということ以外に法はない。

61. 〈ラー〉の御座《みざ》に就いた〈神〉は、魂を支える大梁《おおばり》を照らしてくれるが、その言葉には終わりがある。

62. 〈私〉に汝らは敬意を表するのだ！　汝らは苦しい試練を経て私の方へと来るのだ。試練は至福である。

63. 愚者がこの〈法の書〉とその注解を読んだところで、これを理解することはない。

64・その愚者には第一の試練を通過させるがよい。そうすれば、それは彼にとって銀の如きものとなろう。

65・第二の試練を通過すれば、金の如し。

66・第三の試練を通過すれば、最高級の宝石の如し。

67・第四の試練を通過すれば、深奥に秘められた火が発する究極の閃光の如し。

68・それでもなお、万人の眼にそれは美しく映るものだ。そんなことはないと抗《あらが》う敵がいたとしても、虚言を弄しているにすぎない。

69・そこにあるのは成功だ。

70・私は〈鷹の顔〉をした〈沈黙〉と〈力〉の〈主〉であり、わが頭巾《ネメス》は夜の蒼空をおおっている。

71．ようこそ！　世界を支える柱のそばに陣取る双子の戦士たちよ！　汝らの出番はもう間近だ。

72．私は〈力の双杖《そうじょう》〉の〈主〉である。〈コフ・ニア〉の〈勢力〉の杖——しかし私は左手には何も握っていない。なぜなら、私はひとつの〈宇宙《ユニヴァース》〉を撲滅してしまったのであり、何も残ってはいないからなのだ。

73．書を一葉ずつ右から左へ、そして上から下へと糊づけするがよい。すると見よ！

74．真夜中の太陽《サン》がいつでも息子《サン》であるがごとく、隠された栄光あるわが名の内には輝きがあるのだ。

75．書き連ねてきた言葉の結びとなるのは、〈アブラハダブラ〉の〈語〉である。

〈法の書〉は〈書き記され〉
そして〈隠される〉
〈唵《オーム》〉〈ハー〉。

注記

汝の意志するところを行なえ。これこそ〈法〉のすべてとならん。

この〈書〉を講究することは罷《まか》り成らん。本書を一読したなら、破棄するのが身のためだ。

これを無視するというのなら、自らの責任で危険を覚悟の上で無視するが良い。その危険は深刻だ。

この〈書〉の内容を議論・検討する者は、悪疫の発生源さながらに、万人から忌避されるのだ。

〈法〉についての疑問の一切は、我が著述を根拠に判断が下されるべし。それぞれ一人ひとりに対して。

汝の意志するところを行なえ、ということ以外に法はない。

愛こそ法なり、意志下の愛こそが。

諸王の神官
〈アンク－ア－フ－ン－コンス〉

Had! The manifestation of Nuit
The unveiling of the company of heaven
Every man and every woman is a star
Every number is infinite: there is no difference
Help me, o warrior lord of Thebes, in my
unveiling before the Children of men
Be thou Hadit, my secret centre, my
heart & my tongue.
Behold! it is revealed by Aiwass the
minister of Hoor-paar-kraat
The Khabs is in the Khu, not the Khu in
the Khabs
Worship then the Khabs, and behold my
light shed over you.

Let my servants be few & secret: they shall rule the many & the known.
These are fools that men adore; both their Gods & their men are fools.
Come forth, o children, under the stars & take your fill of love. I am above you and in you. My ecstasy is in yours. My joy is to see your joy

V.L. of spell called the Joy.

Now ye shall know that the chosen priest & apostle of infinite space is the prince-priest the Beast and in

his woman, called the Scarlet Woman, is
all power given. They shall gather my
children into their fold they shall bring the
glory of the stars into the hearts of men.
For he is ever a sun, and she a moon. But
to him is the winged secret flame and to
her the stooping starlight.
But ye are not so chosen
Burn upon their brows, o splendrous serpent!
O azure-lidded woman, bend upon them!
The key of the rituals is in the secret word
which I have given unto him

With the God & the Adorer I am nothing: they
do not see me. They are as upon the earth
I am Heaven, and there is no other God
than me, and my lord Hadit.
Now therefore I am known to ye by my
name Nuit, and to him by a secret name
which I will give him when at last he
knoweth me
Since I am Infinite Space and the Infinite
Stars thereof, do ye also thus. Bind
nothing! Let there be no difference made
among you between any one thing & any

other things; for thereby there cometh hurt.

But whoso availeth in this, let him be the chief of all!

I am Nuit and my word is six and fifty.

Divide, add, multiply and understand.

Then saith the prophet and slave of the beauteous one: Who am I, and what shall be the sign. So she answered him, bending down, a lambent flame of blue, all-touching all penetrant, her lovely hands upon the black earth and her lithe body arched for love and her soft feet not hurting the little flowers Thou knowest! And the sign shall be my ecstasy, the consciousness of the continuity of existence, the omnipresence of my body. ~~the non-atomic~~ ~~the unfragmentary non-atomic fact of my universality.~~

(~~Write this in whiter words~~)

(~~But go forth on~~)

Done later as above.

Then the priest answered & said unto the Queen of Space, kissing her lovely brows and the dew of her light bathing his whole body in a sweet-smelling perfume of sweat O Nuit, continuous one of Heaven, let it

7

be ever thus that men speak not of thee as One but as None and let them speak not of thee at all since thou art continuous.

None, breathed the light, faint & faery, of the stars, and two. For I am divided for love's sake, for the chance of union.

This is the creation of the world, that the pain of division is as nothing and the joy of dissolution all.

For these fools of men and their

8

woes care not thou at all! They feel
little; what is, is balanced by weak
joys: but ye are my chosen ones.

Obey my prophet! follow out the
ordeals of my knowledge! seek me
only! Then the joys of my love will
redeem ye from all pain. This is
so: I swear it by the vault of my
body; by my sacred heart and tongue;
by all I can give, by all I desire of
ye all.
Then the priest fell into a deep trance or

swoon & said unto the Queen of Heaven
Write unto us the ordeals write unto
us the rituals write unto us the law.
But she said the ordeals I write not
the rituals shall be half known and
half concealed: the Law is for all
This that thou writest is the threefold
book of Law
My scribe Ankh-af-na-khonsu the
priest of the princes shall not in one
letter change this book, but lest there
be folly, he shall comment thereupon
by the wisdom of Ra-Hoor-Khu-it.

Also the mantras and spells; the
obeah and the wanga; the work of
the wand and the work of the
sword: these he shall learn and teach.
He must teach; but he may make severe
the ordeals.

The word of the Law is Θελημα.
Who calls us Thelemites will do no
wrong, if he look but close into the
word. For there are therein Three
Grades. the Hermit and the Lover and
the man of Earth. Do what thou wilt

shall be the whole of the Law.
The word of Sin is Restriction. O man!
refuse not thy wife if she will. O
lover, if thou wilt, depart. There is
no bond that can unite the divided but
love: all else is a curse. Accursèd!
Accursèd! be it to the aeons. Hell.
Let it be that state of manyhood
bound and loathing. So with thy all
thou hast no right but to do thy will
Do that and no other shall say nay.
For pure will, unassuaged of purpose,

delivered from the lust of result, is
every way perfect.
The Perfect and the Perfect are one
Perfect and not two; nay, are none!
Nothing is a secret key of this law.
Sixty-one the Jews call it; I call it
Eight, eighty, four hundred & eighteen.
But they have the half: unite by thine
art so that all disappear.
My prophet is a fool with his one one
one; are not they the Ox and none
by the Book.

Abrogate are all rituals, all ordeals, all
words and signs. Ra-Hoor-Khuit hath
taken his seat in the East at the Equinox
of the Gods and let Asar be with Isa
who also are one. But they are not of
me Let Asar be the adorant, Isa the
sufferer; Hoor in his secret name and
splendour is the Lord initiating.
There is a word to say about the Hierophantic
task. Behold! there are three ordeals in
one, and it may be given in three ways.
The gross must pass through fire; let the

fine be tried in intellect, and the lofty chosen ones in the highest. Thus ye have star & star system & system let not one know well the other.

There are four gates to one palace; the floor of that palace is of silver and gold, lapis lazuli & jasper are there, and all rare scents jasmine & rose, and the emblems of death. Let him enter in turn or at once the four gates; let him stand on the floor of the palace. Will he not sink? Amn. Ho! warrior, if thy servant sink? But there are means

and means. Be goodly therefore: dress ye
all in fine apparel; eat rich foods and
drink sweet wines and wines that foam.
~~but~~ Also, take your fill and will of
love as ye will, when, where and with
whom ye will. But always unto me.
If this be not aright; if ye confound
the space-marks, saying: They are one
or saying They are many; if the ritual
be not ever unto me: then expect
the direful judgments of Ra Hoor Khuit
This shall regenerate the world, the little

world my sister, my heart & my tongue, unto whom I send this kiss. Also, o scribe and prophet though thou be of the princes it shall not assuage thee nor absolve thee. But ecstasy be thine and joy of earth: ever To me To me.

Change not as much as the style of a letter; for behold thou o prophet shalt not behold all these mysteries hidden therein.

The child of thy bowels, <u>he</u> shall behold them.

Expect him not from the East nor from

the West, for from no expected house cometh that child. Aum! All words are sacred and all prophets true; save only that they understand a little; solve the first half of the equation, leave the second unattacked. But thou hast all in the clear light, and some though not all in the dark.

Invoke me under my stars. Love is the law, love under will. Nor let the fools mistake love; for there are love and love. There is the dove and there is the serpent. Choose ye well! He, my prophet, hath chosen, knowing the law of the fortress and the great mystery of the House of God.

All these old letters of my Book are aright; but צ is not the Star. This also is secret: my prophet shall reveal it to the wise.

I give unimaginable joys on earth: certainty, not faith, while in life, upon death; peace unutterable, rest, ecstasy: nor do I demand aught in sacrifice.

My incense is of resinous woods & gums and there is no blood therein: because of my hair the trees of Eternity.

My number is 11, as all their numbers who are of us. (Lost) The shape of my star is The Five Pointed Star, with a Circle in the Middle, & the circle is Red. My colour is black to the blind, but the blue & gold are seen of the seeing. Also I have a secret glory for them that love me.

But to love me is better than all things: if under the night-stars in the desert thou presently burnest mine incense before me invoking me with a pure heart and the Serpent flame therein, thou shalt come a little to lie in my bosom. For one kiss wilt thou then be willing to give all:

but whoso gives one particle of dust
shall lose all in that hour. Ye shall
gather goods and store of women and
spices; ye shall wear rich jewels; ye
shall exceed the nations of the earth
in splendour & pride; but always in the
love of me, and so shall ye come to
my joy. I charge you earnestly to come
before me in a single robe and covered
with a rich headdress. I love you! I yearn to
you. Pale or purple, veiled or voluptuous, I
who am all pleasure and purple

and drunkenness of the innermost sense
desire you. Put on the wings and arouse
the coiled splendour within you: come unto me
At all my meetings with you shall the
priestess say - and her eyes shall burn
with desire as she stands bare and rejoicing
in my secret temple - To me! To me!
calling forth the flames of the hearts of all in her
love-chant.
Sing the rapturous love-song unto me!
Burn to me perfumes! Wear to me jewels!
Drink to me, for I love you! I love you!

I am the blue-lidded daughter of Sunset; I am the naked brilliance of the voluptuous night-sky.

To me! To me!

The Manifestation of Nuit is at an end.

1 Nu! the hiding of Hadit.
2 Come! all ye, and learn the secret that
hath not yet been revealed. I, Hadit am
the complement of Nu my bride. I am not
extended, and Khabs is the name of my House.
3 In the sphere I am everywhere the centre, as
she, the circumference, is nowhere found.
4 Yet she shall be known & I never.
5 Behold! the rituals of the old time are black.
Let the evil ones be cast away; let the
good ones be purged by the prophet! Then shall
this Knowledge go aright.
6 I am the flame that burns in every heart of
man, and in the core of every star. I am

Life, and the giver of Life; yet therefore is
the knowledge of me the knowledge of death.
7. I am the Magician and the Exorcist. I am the
axle of the wheel, and the cube in the circle.
"Come unto me" is a foolish word; for it is I that
go.
8 Who worshipped Heru-pa-kraath have
worshipped me; ill, for I am the worshipper.
9 Remember all ye that existence is pure joy;
that all the sorrows are but as shadows; they
pass & are done; but there is that which
remains.
10. O prophet! thou hast ill will to learn this
writing.
11. I see thee hate the hand & the pen; but I am

stronger. 3

12 Because of me in Thee which thou knewest not.

13. for why? Because thou wast the knower, and me.

14. Now let there be a veiling of this shrine: now let the light devour men and eat them up with blindness.

15. For I am perfect, being Not; and my number is nine by the fools; but with the just I am eight, and one in eight: Which is vital, for I am none indeed. The Empress and the King are not of me; for there is a further secret.

16 I am The Empress & the Hierophant. Thus eleven, as my bride is eleven.

17. Hear me, ye people of sighing!
The sorrows of pain and regret
Are left to the dead and the dying,
The folk that not know me as yet.

18 These are dead, these fellows; they feel not. We are not for the poor and sad: the lords of the earth are our kinsfolk.

19 Is a God to live in a dog? No! but the highest are of us. They shall rejoice, our chosen: who sorroweth is not of us.

20 Beauty and strength, leaping laughter and delicious languor, force and fire, are of us.

21 We have nothing with the outcast and the unfit:
let them die in their misery: For they feel
not. Compassion is the vice of kings: stamp
down the wretched + the weak: this is the
law of the strong: this is our law and the
joy of the world. Think not, o king, upon that
lie: That Thou Must Die: verily thou shalt
not die, but live! Now let it be understood:
If the body of the King dissolve, he shall remain
in pure ecstasy for ever. Nuit Hadit Ra-Hoor-
Khuit. The Sun, Strength + Sight, Light these
are for the servants of the Star + the Snake

22 I am the Snake that giveth Knowledge & Delight
and bright glory, and stir the hearts of men
with drunkenness. To worship me take wine
and strange drugs whereof I will tell my
prophet, & be drunk thereof! They shall not
harm ye at all. It is a lie, this folly
against self. The exposure of innocence
is a lie. Be strong, o man, lust, enjoy
all things of sense and rapture: fear not
that any God shall deny thee for this.
23 I am alone: there is no God where I am.
24 Behold! these be grave mysteries; for there
are also of my friends who be hermits. Now

think not to find them in the forest or on the mountain; but in beds of purple, caressed by magnificent beasts of women with large limbs, and fire and light in their eyes, and masses of flaming hair about them; there shall ye find them. Ye shall see them at rule, at victorious armies, at all the joy; and there shall be in them a joy a million times greater than this. Beware lest any force another, King against King! Love one another with burning hearts; on the low men trample in the fierce lust of your pride in the day of your wrath.

25. Ye are against the people, O my chosen!

26. I am the secret Serpent coiled about to
spring: in my coiling there is joy. If I
lift up my head, I and my Nuit are one.
If I droop down mine head, and shoot
forth venom, then is rapture of the earth,
and I and the earth are one.

27. There is great danger in me; for who doth
not understand these runes shall make
a great miss. He shall fall down into
the pit called Because, and there he shall

perish with the dogs of Reason.

28 Now a curse upon Because and his kin!

29 May Because be accursed for ever!

30 If Will stops and cries Why, invoking
Because, then Will stops & does nought.

31 If Power asks why, then is Power weakness.

32 Also reason is a lie; for there is a
factor infinite & unknown; & all their
words are skew-wise.

33 Enough of Because! Be he damned for a dog!

34 But ye, o my people, rise up & awake!

35 Let the rituals be rightly performed with
joy & beauty!

36 There are rituals of the elements and feasts of the times.

37 A feast for the first night of the Prophet and his Bride!

38 A feast for the three days of the writing of the Book of the Law.

39 A feast for Tahuti and the child of the Prophet—secret, O Prophet!

40 A feast for the Supreme Ritual, and a feast for the Equinox of the Gods.

41 A feast for fire and a feast for water; a feast for life and a greater feast for death.

42 A feast every day in your hearts in the
joy of my rapture.

43 A feast every night unto Nu, and the
pleasure of uttermost delight.

44 Aye! feast! rejoice! there is no dread
hereafter. There is the dissolution, and
eternal ecstasy in the kisses of Nu.

45 There is death for the dogs.

46 Dost Thou fail? Art thou sorry? Is fear
in Thine heart?

47 Where I am these are not.

48 Pity not the fallen! I never knew them.
I am not for them. I console not: I hate
the consoled & the consoler.
49 I am unique & conqueror. I am not of the
slaves that perish. Be they damned &
dead! Amen. [This is of the 4: there is
a fifth who is invisible & therein am I
as a babe in an egg.]
50 Blue am I and gold in the light of my
bride: but the red gleam is in my eyes
& my spangles are purple & green.
51. Purple beyond purple: it is the light higher

than eyesight.

52 There is a veil: that veil is black. It is the veil of the modest woman; it is the veil of sorrow, & the pall of death: this is none of me. Tear down that lying spectre of the centuries: veil not your vices in virtuous words: these vices are my service; ye do well, & I will reward you here and hereafter.

53 Fear not, o prophet, when these words are said, thou shalt not be sorry. Thou art emphatically my chosen; and blessed are

the eyes that thou shalt look upon with
gladness. But I will hide thee in a
mask of sorrow: they that see thee shall
fear thou art fallen: but I lift thee up.
54 Nor shall they who cry aloud their folly
that thou meanest nought avail; thou
shall reveal it: thou availest: they are
the slaves of because: They are not of
me. The stops as thou wilt; the letters
change them not in style or value!
55 Thou shalt obtain the order & value of
the English Alphabet; thou shalt find

new symbols to attribute them unto.
56 Begone! ye mockers; even though ye laugh
in my honour ye shall laugh not long: then
when ye are sad know that I have
forsaken you.
57. He that is righteous shall be righteous still;
he that is filthy shall be filthy still.
58 Yea! deem not of change: ye shall be as ye
are, & not other. Therefore the kings of
the earth shall be Kings for ever: the slaves
shall serve. There is none that shall
be cast down or lifted up: all is ever

as it was. Yet there are masked ones my
servants: it may be that yonder beggar is
a King. A King may choose his garment as
he will: there is no certain test: but a
beggar cannot hide his poverty.

59 Beware therefore! Love all, lest perchance is a
King concealed! Say you so? Fool! If he
be a King, thou canst not hurt him.

60 Therefore strike hard & low, and to hell
with them, master!

61 There is a light before thine eyes, o prophet,
a light undesired, most desirable.

62 I am uplifted in thine heart; and the kisses
of the stars rain hard upon thy body.
63 Thou art exhaust in the voluptuous fullness
of the inspiration: the expiration is sweeter
than death, more rapid and laughterful than
a caress of Hell's own worm.
64 Oh! thou art overcome: we are upon thee;
our delight is all over thee: hail! hail!
prophet of Nu! prophet of Had! prophet of
Ra-Hoor-Khu! Now rejoice! now come in
our splendour & rapture! Come in our passionate
peace, & write sweet words for the Kings!

65 I am the Master: thou art the Holy Chosen One.
66 Write, & find ecstasy in writing! Work, &
be our bed in working! Thrill with the
joy of life & death! Ah! thy death shall
be lovely: whoso seeth it shall be glad. Thy
death shall be the seal of the promise of
our agelong love. Come! lift up thine heart
& rejoice! We are one; we are none.
67 Hold! Hold! Bear up in thy rapture;
fall not in swoon of the excellent kisses!
68 Harder! Hold up thyself! Lift thine head!

breathe not so deep — die!

69 Ah! Ah! What do I feel? Is the word
exhausted?

70 There is help & hope in other spells. Wisdom
says: be strong! Then canst thou bear more
joy. Be not animal; refine thy rapture!
If thou drink, drink by the eight and ninety
rules of art: if thou love, exceed by
delicacy; and if thou do aught joyous, let
there be subtlety therein!

71 But exceed! exceed!

72 Strive ever to more! and if thou art truly

mine – and doubt it not, an if thou art
ever joyous! – death is the crown of all.
73 Ah Ah! Death! Death! thou shalt long for
death. Death is forbidden, O man, unto thee.
74 The length of thy longing shall be the strength
of its glory. He that lives long & desires
death much is ever the King among the Kings.
75 Aye! listen to the numbers & the words:
76 4638 ABK24 ALGMOR3Y
X 24 89 RPSTOVAL. What
meaneth this, O prophet? Thou knowest
not; nor shalt thou know ever. There
cometh one to follow thee: he shall

expound it. But remember, o chosen
one, to be me; to follow the love of
Nu in the star-lit heaven; to look forth
upon men, to tell them this glad word.
77 O be thou proud and mighty among men!
78 Lift up thyself! for there is none like unto
thee among men or among Gods! Lift up
thyself, o my prophet, thy stature shall
surpass the stars. They shall worship thy
name, foursquare, mystic, wonderful, the
number of the man; and the name

Thy house 418.

79. The end of the hiding of Hadit; and blessing & worship to the prophet of the lovely Star.

[illegible]

1 Abrahadabra! The reward of Ra Hoor Khut.

2 There is division hither homeward; there is a word not known. Spelling is defunct; all is not aught. Beware! Hold! Raise the spell of Ra-Hoor-Khuit!

3 Now let it be first understood that I am a god of War and of Vengeance. I shall deal hardly with them.

4 Choose ye an island!

5 Fortify it!

6 Dung it about with enginery of war!

7 I will give you a war-engine.

8 With it ye shall smite the peoples and

none shall stand before you.
9 Lurk! Withdraw! Upon them! this
is the Law of the Battle of Conquest: thus
shall my worship be about my secret house.
10 Get the stélé of revealing itself; set it
in thy secret temple — and that temple
is already aright disposed — & it shall be your
Kiblah for ever. It shall not fade, but
miraculous colour shall come back to it
day after day. Close it in locked glass for a
proof to the world.
11 This shall be your only proof. I forbid argument.
Conquer! That is enough. I will make easy

to you the abstruction from the ill-ordered house in the Victorious City. Thou shalt thyself convey it with worship, o prophet, though thou likest it not. Thou shalt have danger & trouble. Ra-Hoor-Khu is with thee. Worship me with fire & blood; worship me with swords & with spears. Let the woman be girt with a sword before me: let blood flow to my name. Trample down the Heathen; be upon them, o warrior, I will give you of their flesh to eat!

12 Sacrifice cattle little and big: after a child.

13 But not now.

14 Ye shall see that hour, o blessed Beast, and thou the Scarlet Concubine of his desire!

15 Ye shall be sad thereof.

16 Deem not too eagerly to catch the promises; fear not to undergo the curses. Ye, even ye, know not this meaning all.

17 Fear not at all; fear neither men, nor Fates, nor gods, nor anything. Money fear not, nor laughter of the folk folly, nor any other power in heaven or upon the earth or under the earth. Nu is your refuge as Hadit your

light; and I am the strength, force, vigour, of
your arms.

18 Mercy let be off: damn them who pity.
Kill and torture; spare not; be upon them.

19 That stélé they shall call the Abomination
of Desolation; count well its name, & it shall
be to you as 718.

20 Why? Because of the fall of Because, that
he is not there again.

21 Set up my image in the East: thou shalt buy
thee an image which I will show thee, especial,
not unlike the one thou knowest. And it shall
be suddenly easy for thee to do this.

22. The other images group around me to support me: let all be worshipped, for they shall cluster to exalt me. I am the visible object of worship; the others are secret; for the Beast & his Bride are they: and for the winners of the Ordeal x. What is this? Thou shalt know.

23 For perfume mix meal & honey & thick leavings of red wine: then oil of Abramelin and olive oil, and afterward soften & smooth down with rich fresh blood!

24 The best blood is of the moon, monthly: then the fresh blood of a child, or dropping from the

host of heaven: then of enemies; then
of the priest of ^of the worshippers: last of
some beast, no matter what.
25 This burn: of this make cakes & eat unto
me. This hath also another use; let it be
laid before me, and kept thick with perfumes
of your orison: it shall become full of beetles
as it were and creeping things sacred unto me.
26 These slay, naming your enemies & they shall
fall before you.
27 Also these shall breed lust & power of lust in
you at the eating thereof.
28 Also ye shall be strong in war.

29 Moreover, be they long kept, it is better; for
they swell with my force. All before me.
30 My altar is of open brass work: burn thereon
in silver or gold.
31 There cometh a rich man from the West who
shall pour his gold upon thee.
32 From gold forge steel:
33 Be ready to fly or to smite.
34 But your holy place shall be untouched
throughout the centuries: though with fire and
sword it be burnt down & shattered, yet
an invisible house there standeth and
shall stand until the fall of the Great

Equinox, when Hrumachis shall arise and
the double-wanded one assume my throne and
place. Another prophet shall arise, and bring
fresh fever from the skies; another woman shall
awake the lust & worship of the Snake; another
soul of God and beast shall mingle in the
globèd priest; another sacrifice shall stain
the tomb; another king shall reign; and blessing
no longer be poured To the Hawk-headed
mystical Lord!

35. The half of the word of Heru-ra-ha, called
Hoor-pa-kraat and Ra-Hoor-Khut.

36 Then said the prophet unto the God.

37 I adore thee in the song
"I am the Lord of Thebes" &c from vellum book
unity &
——— fill me

38 So that thy light is in me & its red flame
is as a sword in my hand to push thy
order. There is a secret door that I shall
make to establish thy way in all the quarters
(these are the adorations, as thou hast written)
as it is said

"The light is mine" &c
from vellum book to "Ra-Hoor-Khuit"

39 All this and a book to say how thou
didst come hither and a reproduction of
this ink and paper for ever — for in it is
the word secret & not only in the English —
and thy comment upon this the Book of the Law
shall be printed beautifully in red ink and
black upon beautiful paper made by hand;
and to each man and woman that thou
meetest, were it but to dine or to drink
at them, it is the Law to give. Then they
shall chance to abide in this bliss or no;
it is no odds. Do this quickly!
40 But the work of the comment? That is easy; and

Hadit burning in thy heart shall make swift
and secure thy pen.

41. Establish at thy Kaaba a clerk-house:
all must be done well and with business
way.

42. The ordeals thou shalt oversee thyself, save only
the blind ones. Refuse none, but thou
shalt know & destroy the traitors. I am
Ra-Hoor-Khuit and I am powerful to protect
my servant. Success is thy proof: argue not:
convert not: talk not overmuch. Them
that seek to entrap thee, to overthrow thee, them
attack without pity or quarter & destroy them
utterly. Swift as a trodden serpent turn

and strike! Be thou yet deadlier than he!

4 Drag down their souls to awful torment: laugh at their fear: spit upon them!

43 Let the Scarlet Woman beware! If pity and compassion and tenderness visit her heart if she leave my work to toy with old sweetnesses then shall my vengeance be known. I will slay me her child: I will alienate her heart: I will cast her out from men: as a shrinking and despised harlot shall she crawl through dusk wet streets, and die cold and an-hungered.

44. But let her raise herself in pride. Let her follow me in my way. Let her work the work of wickedness! Let her kill her heart! Let her be loud and adulterous; let her be covered with jewels, and rich garments, and let her be shameless before all men!

45 Then will I lift her to pinnacles of power. Then will I breed from her a child mightier than all the kings of the earth. I will fill her with joy: with my force shall she see & strike at the worship of Nu. she shall achieve Hadit.

46. I am the warrior Lord of the Forties: the
Eighties cower before me, & are abased
I will bring you to victory & joy: I will be
at your arms in battle & ye shall
delight to slay. Success is your proof;
courage is your armour; go on, go on, in
my strength & ye shall turn not back for
any.

47 This book shall be translated into all
tongues: but always with the original in
the writing of the Beast; for in the

chance shape of the letters and their
position to one another: in these are mysteries
that no Beast shall divine. Let him
not seek to try: but one cometh after
him, whence I say not, who shall
discover the key of it all. Then
this line drawn is a key: then this
circle squared ⊕ in its failure is a
key also. And Abrahadabra. It shall
be his child & that strangely. Let him not
seek after this; for thereby alone can he
fall from it.

48 Now this mystery of the letters is done, and
I want to go on to the holier place.
49 I am in a secret fourfold word, the blasphemy against
all gods of men.
50 Curse them! Curse them! Curse them!
51 With my Hawk's head I peck at the eyes of
Jesus as he hangs upon the cross
52 I flap my wings in the face of Mohammed &
blind him
53 With my claws I tear out the flesh of the
Indian and the Buddhist, Mongol and
Din.
54 Bahlasti! Ompehda! I spit on your

crapulous creeds.

55 Let Mary inviolate be torn upon wheels:
for her sake let all chaste women be
utterly despised among you.

56 Also for beauty's sake and love's.

57 Despise also all cowards; professional soldiers
who dare not fight, but play: all fools despise.

58. But the keen and the proud, the royal and
the lofty; ye are brothers!

59 As brothers fight ye.

60 There is no law beyond Do what thou wilt.

61 There is an end of the word of the God

enthroned in Ra's seat, lightening the girders of the soul.

62 To Me do ye reverence; to me come ye through tribulation of ordeal, which is bliss.

63 The fool readeth this Book of the Law, and its comment & he understandeth it not.

64 Let him come through the first ordeal & it will be to him as silver

65 through the second gold

66 through the third, stones of precious water.

67 through the fourth, ultimate sparks of the intimate fire.

68 Yet to all it shall seem beautiful. Its
enemies who say not so, are mere liars.
69 There is success
70 I am the Hawk-Headed Lord of Silence
& of Strength; my nemyss shrouds the
night-blue sky.
71 Hail! ye twin warriors about the pillars of
the world! for your time is nigh at hand
72 I am the Lord of the Double Wand of Power
the wand of the ~~Coph~~ Force of Coph Nia – I but my
left hand is empty, for I have crushed.

an Universe & nought remains.

73 Paste the sheets from right to left and from top to bottom: then behold!

74 There is a splendour in my name hidden and glorious, as the sun of midnight is ever the son.

75 The ending of the words is the Word Abrahadabra.

The Book of the Law is Written and Concealed

Aum. Ha.

第二章

クハブス・アム・ペクト

Khabs am Pekht／CCC
〈第三〇〇之書〉

息子よ、

汝の意志するところを行なえ。これこそ〈法〉のすべてとならん。

まず、汝の注意力をこの惑星へと向け、如何にして〈ホルスの永劫《アイオン》〉が〈世界戦争〉によって明らかにされるのかを悉《つぶさ》に見るがよい、これこそが、〈神々の春秋分点《エクイノクス》〉から初めて直接生まれた大いなる成果であり、これによって、人間は〈法〉を受け容れるべく、心の準備をするのである。

これは宇宙を視野に収めた魔術の式文であり、〈金羊毛〉の伝説（ギリシア神話）中に正確に詳しく説かれていることを汝に思い出させておこう。

イアソン（ギリシア神話でアルゴ船隊員のリーダー）はこの物語では〈野獣〉を象徴しているが、最初は〈智慧〉ないしアテナに導かれて船を一艘艤装している。これはイアソンが〈大作業〉を行ないたいという大望を抱いているからこそのことである。大勢の英雄たちを伴って、イアソンは〈羊毛〉の地へと至るが、一堂はメディア（夫イアソンを助けて金の羊毛を獲得させた魔女）、即ち〈緋色の女〉が「催眠薬を盛った」ミルク酒を渡してくれて、龍を「ケシとクリスマス・ローズのご加護によって眠くさせる」までは誰も手も足も出せない。メディアのお蔭でイアソンはオシリスに捧げられた雄牛たち、イアソン自身の永劫《アイオン》の象徴であり、〈自己犠牲の魔術式〉の象徴たる雄牛たちを抑え込むことができる。イアソンはこの雄牛たちを使って世界の畑を耕し、そこに「悲嘆の畏るべき歯、即ち昔のテーベに惨劇を招いたカドモスの蒔いた種」を蒔く。この言葉は〈野獣〉が告知したある魔術の式文につながるもので、汝には馴染みのものだが、俗人には不向きのものであるゆえ、ここでは詳述しないことにする。この種から鎧兜の兵士たちが生えてきたが、〈彼〉を攻撃するのではなく、「兵士らは狂気に憑かれて分別を失い、その凶暴な心は激しい怒りに駆られて、武具に身を固めたまま、仲間同士で殺戮を繰り返し、声もなく次々と討ち死にした」。さて、〈龍〉は眠っているので、我々はその傍らをそっと通って、「あの魔法の〈水楢《オーク》〉の枝をはらい、〈金羊毛〉をしっかり摑《つか》んで引きちぎることができよう」。

　我らはイアソンの過ちを繰り返さぬことと、アレス（ギリシア神話の軍神）に逆らわぬことだけ肝に銘じておけばよい。金羊毛の番をしている武人アレスの心はすっかり

〈ホルス〉になりきっているのだから、それに逆らってアレスまでもが狂気に憑かれて我らを襲ってきては困るのだ。否！〈ラー－ホール－クイト〉の栄光のために、そして〈ラー－ホール－クイト〉の完璧な王国の建設のために、一切が行なわれるのだ！

さあ、わが息子よ、汝も諒解していることだが、『法の書』にて我らに命じられていること、即ち「助けたまえ、おおテーベの戦士たる主よ、人びとの〈子たち〉の前にてこの私がヴェールを脱ぐのを！」〔I. 5〕という言葉を完遂し、この〈業《わざ》〉を成就するのが我らの意志なのだ。——そして物質界たる〈マルクトの球体《セフィラ》〉にて汝が行なった時と同じように汝は姿を現わし、〈木星の天界〉に出現する者の気を当然ひくようなやり方よりも直接的で実践的な方法を用いてこの命令を実行するのは汝の意志である。従って、世界中に〈意志の法《テレマ》〉を拡げるために如何なる手段を執るべきか助言を〈我ら〉に求める嘆願、寔《まこと》に子として相応《ふさわ》しい〈汝〉の嘆願に〈我ら〉は応えよう。

さてそこで、何よりも『法の書』そのものに一心に注意を向けるがよい。『法の書』にこそ人生の鉄則があり、いつ何時《なんどき》起こるかも知れぬ緊急事態に対応できる明確な教えが収められているのだ。それでは〈あの言い表わしようのない種〉から実った果実に対して『法の書』は如何なる指示を与えているのだろうか？汝、これから我らが先へと進んでいく際にみせる自信のほどに注目せよ。「彼らには私の子らを皆一緒に彼らの羊舎に入れさせよう。彼らには星々の栄光を人びとの心の内へと運び込ませよう」〔I. 15〕。彼らに「させよう」とある。間違いない。だから、汝は疑念を抱かず、渾身の力を以て攻撃するがよい。またこの言葉も心に留めよ、即ち「〈法〉は万人のためのものだ」〔I. 34〕。従って、汝の世俗的な智慧を働かせて、「相応しい人物を選び出す」のはやめよ。分け隔てなく万人に広く〈法〉を説くのだ。我らは思いもよらぬ方法が最良の結果を生み出したことがあるのを自らの経験から知っている。実に、道理からいえば、その目的を達成するためには相応しくないと思われるような手段を用いることが、真の「魔術の式文」の定義になっているのだ。我らには教える義務があることを心に留めておくのだ。「彼は教えねばならぬ。だが、試練は苛酷なものにしてよい」〔I. 38〕のだ。ただし、この一文は、文脈から明らかなように、新しい「魔術（Magick）」、即ち「神呪《マントラ》と呪文《スペル》、妖術《オービア》と巫術《ワンガ》、杖の作業と剣の作業」〔I. 37〕の技法について述べているものなのである。『第二二〇之書』（『法の書』の別名）の第一章四十一～四十四節、五十一節、六十一節、六十三節その他の教えに留意せよ。そこに説かれている教えについては、既に我らの小著『自由の法』および汝をはじめとする諸氏に宛てた私信の中で詳しく述べてきた。この〈法〉を公に説き広め、その教えを実践するとなると、論議を呼び、恨みをかうことになって、ついに汝は演壇の上から人びとに向かって熱弁をふるわなければならなくなるのだ。

　よいか、この助言を心に留めておけ。「存在とは純粋な歓びである。悲しみとはすべて影の如きものにすぎぬ。悲しみは移ろい行き、いつしか果ててしまう。しかし、相も変わらず残っている存在というものがあるのだ」〔II. 9〕。この教えによって大勢の人びとを慰めよう。また、こういう言葉もある。「われらが選良たちには歓喜を与えて進ぜよう。だが、悲嘆に暮れる者は、私たちとは無縁の輩《やから》なのだ。美と強さ、はじけるような笑いと快いけだるさ、力と火、これらこそ私たちにふさわしい」〔II. 19–20〕。いかにも、万策を尽くして汝は我らの〈法〉の愉しさを微に入り細を穿って説くかも知れぬ。否、汝の心がその愉しさに満ちあふれ、言葉など無用となるのだ。熟知している文章《くだり》に今さらまた注意を向けるのは見当外れでもあり退屈でもあろう。直伝こそが申し分ないものであることを心に留めておきたまえ。次の条《くだり》について考えてみよ。即ち「汝らは島を一つ選ぶがよい！　その島を砦として防御を固めよ！　島には隈無く兵器を配備せよ！　戦争用の機関は私が汝らに与えよう。それをもって汝らは諸国の民を粉砕するがよい。汝らの行く手を誰にも阻ませないようにしてやろう。潜伏せよ！　退却だ！　攻撃開始！　これが〈征服の戦闘〉の〈法〉だ。かくして私を崇拝する者たちが、わが秘密の館を取り巻くことになるのだ〔III. 4-9〕。この一節が示唆している島とは機雷と戦車を備えた大ブリテン島のことかもしれぬ。また、A∴A∴に所属するある同胞が目下イギリスの作戦会議の極秘事項を掌握していることは注目すべきことだ。しかし、上記の教えが示しているのは、もっと後世のことかもしれない。即ち、俗事と関わっているO・T・Oなどのような結社が制定した我らの〈法〉がこの世界の会議で重要性を持ち、その〈法〉が異教徒や、あるいは堕落した神々および半神たちの信奉者らから異議を唱えられている後世のことに。

『第二二〇之書』第三巻二十三～二十六節に記されている、刃向かう者どもを打倒するための実践的方法を見るがよい。しかし、これは本書翰が直接目的とするところではない。『法の書』第三章第三十八節および第三十九節の教えを見たまえ。ここは全文を引用しておかねばならない。

かくして、汝の光はわが内にあり、その赤い炎は、汝の厳命を推《お》し進めるべくわが手に握られた剣の如し。

即ち、これは神自らが〈野獣の光〉によって輝き、〈野獣〉の火（才能の意かも知れぬ）を通して命令を自ら実行させるということである。

あらゆる方位に汝の進路を確保するために私が設ける秘密の扉がある（これらが、汝の書き記した通りの敬慕の言葉である）。次に述べられるが如し。

光はわがものであり、その光線は私を

焼き尽くす。私は秘密の扉を設けた。
それは〈ラー〉と〈テュム〉の〈館〉へと、
〈ケフラー〉と〈アハトール〉の〈館〉へと通ずる。
私は汝の〈テーベ人《びと》〉である、おお〈メンチュ〉よ、
預言者〈アンクー・アフ・ナ・コンス〉なのだ！

〈ベス・ナー・マウト〉によりて私はわが胸を鼓動させる。
賢き〈ター・ネク〉によりて私はわが呪文を織り成す。
汝の星の壮麗なる輝きを示したまえ、おお〈ヌイト〉よ！
汝の〈館〉の内に住まえとわれに命じたまえ、
おお、翼ある光の蛇〈ハディート〉よ！
われと共にとどまりたまえ、〈ラー・ホール・クイト〉よ！

『春秋分点《エクイノクス》』第一巻第七章の注釈によると、この一節は事実上無視されたかたちになっている。この「秘密の扉」がのちに『パリ活動《ワーキング》』で述べられる四人の男

と四人の女を示していると考えることも可能であるし、あるいはまた、ほかの箇所で預言されている子供とか心の内での何らかの準備を意味しているのかもしれない。いずれとも決めがたいが、一つ確信をもってもかまわないことがある。それは『法の書』を口伝した〈聖守護天使〉に絶対的な予知能力が備わっていたことの証明となるよう厳密な精確な言い回しが用いられていたことが〈事件〉によっていずれ明らかにされるであろうということである。

また、第三十九節で問題がどう進展しているかを見たまえ。

「この一部始終」——即ちこれは『法の書』のことを意味する。

「そもそも汝がいかようにしてここに至ったかを説き明かす一書」とは即ち、『ソロモン王の神殿』にあるような記録のことだ。

「そして絶えずこのインクで紙に記された複写をも附して」とは即ち、そこで使われているものと似たような用紙を見本として附して、何かしら機械的な方法で行なうということ。

「英語で記された内容のみならず、インクと紙の中にも秘密の言葉が宿っているのだから」ここは『第二二〇之書』第三章第四十七節および第七十三節を参照のこと。この秘密は依然として〈我ら〉にも秘密のままである。

「〈法の書〉は汝の注解をも添えて、手漉きの紙を使用して赤と黒のインクで優美に印刷しなければならない」とは即ち、『第二二〇之書』第一章第三十六節にある「愚かな過ちのなきよう」説明しなければならないということである。

「汝が出会う一人ひとりの男にも女にも、たとえそれが飲食を共にするにすぎない場合であっても、授けて然《しか》るべき〈法〉こそこれにほかならない。授けられた一人ひとりが果たしてその後にこの至福に与《あずか》ろうと与るまいと、それはそれとして構いはしない。ともかく、これを速やかに実行するのだ！」

以上のことから明らかなのは、指示通りに造本しなければならないということ――『第四之書』の第四部の意図はその目的を達成することだった――そして、その書物をあまねく世間の人に、社会で接触した相手には誰れ彼《か》れ問わずに、渡さねばならないということである。

我らは説教やそれに類する行為など余計なことをしてはならない。世人は受け取ることもできれば、放置することもできるのだ。
同じく第三章第四十一節を見るがよい。

> 汝の〈カアバ〉に書院を建てよ。一切が間然するところなく、実務的に行なわれなければならない。

これは実に明快な教えである。カアバ神殿には近代的な中央集権的組織を置かねばならない――その組織とは、思うにボレスキン・ハウス（スコットランド、ネス湖に臨む邸宅で、クロウリーの屋敷。後にレッド・ツェッペリンのジミー・ペイジが別荘にしたことがある）ではなくなにか利用しやすい本部であろう。同章第四十二節の禁止命令を見たまえ。「成功こそ汝の証《あか》しなのだ。理屈をこねるなかれ！　心変わりするでない！　あまり無駄口をたたくな！」この命令は〈法〉を人に説明してはならないと言っているのではない。人が足枷《あしかせ》をはずす際には手助けしてもよいが、奴隷のままがいいという者がいれば、手を出してはならないのだ。「奴隷たちには王に仕えさせよう」〔II. 58〕。〈法〉の素晴らしさは、〈法〉を受け容れる者の身に起こる結果によって示されなければならない。人びとが我らを『第二二〇之書』第二章第二十四節に記されている〈ハディート〉の隠者と見做《みな》すなら、彼らは我らの悦びをも凌《しの》ぐ悦びを目指すだろう。

第三章の全体の意味に注目するがよい。早晩、我らは実際に一戦交えることによって奴隷神らの力を叩き潰すことになろうという意味なのだ。畢竟するに〈自由〉というものは剣に頼らざるを得ないのである。この件に関する夥しい問題を扱うことは本書翰では不可能である。時が来れば結社の権威者らによって〈法〉にかなった解決が与えられることになる。我らが汝をA∴A∴の会員というよりもO・T・Oの会員と見做してこの書翰を綴ってきたことに留意してもらいたい。というのもO・T・Oは協調的且つ実践的であり、物質的な物事と関わりを持っているからなのである。しかし、このことはよく覚えていてもらいたい。即ち〈法〉はO・T・OではなくA∴A∴から生まれたものだということを。O・T・Oはこの〈法〉を公式に受け容れた最初の偉大な宗教団体にすぎず、この決定に基づいて〈儀式〉を全面的に改革し続けてきたのである。さて、『法の書』についてはこれくらいにして、全世界に〈意志の法《テレマ》〉の〈支配〉を拡げるための以下の指示に留意したまえ。

1. 〈法〉を受け容れた者は必ず決められた挨拶文によって日々の挨拶をしなければならない。即ち「汝の意志するところを行なえ。これこそ〈法〉のすべてとならん」という言葉が定型の挨拶文となるのだ。この言葉は、殊に見知らぬ相手の場合には、素直な気持ちで目を見て、しっかりと明瞭な発音で言わねばならない。相手が我らの仲間ならば、「愛こそ法なり、意志下の愛こそが」と応えさせよ。この挨拶は別れるときにも用いること。文書の場合、挨拶する場合には必ず、「汝の意志するところを行なえ。これこそ〈法〉のすべてとならん」で筆を起こして、「愛こそ法なり、意志下の愛こそが」で終えなければならない。

2. 集会は都合がつく限り行ない、そこで〈法〉を読み、説明もすること。

3. 〈我ら〉によって書かれた、あるいは〈我ら〉によって正式に認可された特別な文書は、〈法〉を受け容れた者たちと接触する者全員に配付しなければならない。

4. 〈テレマ〉の〈大学〉および〈学校〉の新設は棚上げにしておいて、既存の〈学校〉と〈大学〉に奨学金の類を提供し、我らの著作物および〈新アイオン〉に結びつくものと我らが認定した著作物が広く研究されるようにしなくてはならない。

5．すべての子供と若者は、我らの高尚な占星術を理解できなくとも、常に〈法〉にかなった生き方ができるように教育されればよい。彼らをそのように解放するためには努力を惜しんではならない。そもそも奴隷神らの法によって子供たちが不幸な目に遭わされたからこそ、我らは〈旧法〉の廃止を目指したのである。

6．あらゆる手段を講じて、全員がO・T・O本部の力と自由を拡張するように努めねばならない。一丸となった努力により、〈法〉が効果的に世間に広まることになろう。O・T・Oの発展のための特別な指示は別の書翰に記されている。

教示に従って実行を続ければ、実践者の技能は向上して、その結果絶えず新たな思想や計画が生まれ育っていくことになろう。

さらに、各人が〈誓言魔術〉によって自らを拘束し、その結果『第三之書』（『魔術——理論と実践』所収）に正しく記されているように〈自由〉を、例え拘束によるものであっても、完璧なものとすることは正当なことである。アーメン。

　さて息子よ、我らがどんな館の中でこのようなことを書き綴っているのかに目を向けてもらいたい。ここは赤と緑の小さな家で、大きな湖の西岸に佇立し、森の中に隠れている。つまり、人間は〈木〉および〈水〉と相対峙しているのだ。魔術師は〈自分自身〉をこの二つの敵のうちの一方、即ち〈水〉が氾濫する結果でもあり原因でもある〈木〉を味方につけて、それを〈水〉と戦わせる。それから〈彼〉は何をするのか？　〈彼〉は〈火星の鉄〉と〈斧〉〈鋸《のこ》〉〈楔《くさび》〉そして〈短刀〉を手にとって、それで〈木〉を割り、〈彼〉の意志に逆らう力も無くなるように粉々に切り刻んでしまうのだ。それでよい。次に〈彼〉は我らが〈父なる太陽〉の〈火〉を手にして、既に自分の支配下にある〈木〉の軍隊を出動させて、その火が〈水〉に対して戦闘態勢をとるようにさせる。この時、切り刻んだ木を結集させて〈円錐形〉を造る。円錐はあらゆる立体の中で最も高貴であり、〈聖なる男根〉そのものの姿なのである。次に彼は自分自身の裡《うち》にて〈直線〉と〈円〉の結合を行なう。息子よ、魔術師はかくのごとく振る舞うのだ。〈火〉は〈木〉を燃え上がらせ、その熱は〈水〉を遙か遠くへと押しもどす。ところがこの〈水〉という敵はずる賢いのだ。〈水〉は謂《い》わば全面的には信用しがたい同盟者の要塞の中に密偵を送り込むみたいに、〈木〉に水をどんどん含ませて、〈木〉が〈火〉に対抗できるように仕向けるのだ。さて、それでは〈魔術師〉は何をしなければならないのか？　まずは我らが〈父なる太陽〉の〈火〉を召喚して〈木〉から〈水〉をすっかり追い払わねばならない。ということは即ち、〈至高にして最も聖なる者〉の霊感なくしては〈我ら〉といえども何もできないということだ。次に、息子よ、〈魔術師〉は小さな乾いた〈木〉に〈自分の火〉をつけ始めるのだ。その炎が中くらいの大きさの〈木〉を燃え上がらせ、それが激しく燃え始めた時には、たとえ相手がまだ青々とした巨木であっても火は燃え移るのだ。

　さて息子よ、この〈我らの〉非難の言葉をよく聞くがよい、そしてこの〈魔術〉（Magick）の譬え話に汝の理解の耳をかすがよい。

〈我らが業《わざ》〉の〈開始〉にあたり、〈かの聖なる名前〉、われらが〈父なる太陽〉の〈火〉を永遠《とわ》に讃えよ。霊感はわれらのもの、世界を燃え上がらせる〈意志《テレマ》の法〉も我らのもの。〈我ら〉には乾いた小さな枝木がたくさんある。その枝木は大きな〈木〉には燃え移らぬまま、ただちに燃え上がり、燃え尽きてしまうもの。

大きな丸太、即ち大群衆は常に我らと共にある。しかし我らが切実に必要としているものは、小さな〈木〉によって容易に焚きつけられ、しかも大きな丸太が燃え上がるまで消えずにいてくれる中くらいの枝の束なのだ。〈〈トートの猿〉いわく、見よ、その御身の余りの気高さゆえに、木を切り倒して、自らの食事の用意をする時には必ず延々と退屈な〈教訓〉を料理の上にのせなければならないとは、堪《たま》らなく悲しいではないか！〉

本書翰を書き写し、〈意志の法《テレマ》〉を受け容れた者全員に配付せよ。

さあ〈我らが〉父の祝禱を受けよ。〈万物の生みの親の祝禱〉が汝に与えられんことを。

愛こそ法なり、意志下の愛こそが。

セリオン 9°＝2□ A∴A∴

〈我ら〉の署名捺印の上、本日はAn. XIIの日なることを証す。われらが〈父なる太陽〉は獅子宮12°41′2″にあり、月は25°39′11″にあり。ニューハンプシャー州パスカニー湖に臨む〈魔術師《ジャグラー》の館〉より。

＊本章は「息子よ」で始まるが、これは執筆当時、クロウリーが自分の「魔術上の息子」と思っていた「兄弟《フラター》エイカド」ことチャールズ・スタンズ・フェルド・ジョーンズに宛てた書翰だったためである。

第三章

デ・レゲ・リベルム

Liber Cl vel נעל, A Sandal, De Lege Libellum／CL
〈第一五〇之書〉

法

汝の意志するところを行なえ。これこそ〈法〉のすべてとならん。

心を廉潔にして、こちらへ来て耳を傾けよ。自らの品格を保っている者すべてに、この〈法〉を授けたのはこの私、〈ト・メガ・セリオン〉だからだ。強い意志をもって、汝の〈自由〉を望み、汝の内に万全の〈知識〉と〈力〉が湧き上がることを望んでいるのは他の誰でもない、この私なのだ。

見よ！〈神の王国〉は汝の内にある。たとえ太陽が真夜中にも正午にも同じように永遠《とわ》に天空にとどまっていようとも。太陽は昇りもしなければ沈みもしない。その姿を隠すのは地球の影、あるいは前を遮《さえぎ》る雲にすぎぬ。

それではこの〈法〉の〈神秘〉を私が語ることにしよう。山中にいても砂漠にいても、また大都市にいても、様々な場所でその神秘が私に明らかにされたのだから。それを私は汝を慰め、大いに力づけるために話すのだ。汝ら皆の慰めにもなり、勇気のもとにもなれ！

まず、〈法〉から四種類の〈光線〉ないし〈放射物〉が飛び出してくることを理解しておくのだ。もし〈法〉が汝という存在の中心であるならば、その光線なり放射物は自らの秘密の善なる性質で必ず汝を満たさなければならないのだ。四種類とは〈光〉〈生〉〈愛〉そして〈自由〉だ。

〈光〉によって汝らは自分の姿を見ることになり、〈本当〉は〈一つのもの〉にすぎない〈万物〉を見るのだ。この〈一つのもの〉とは、これまで〈無〉と呼ばれてきたのだが、そう呼ばれた原因はのちほど明らかにしよう。しかし、〈光〉の実態は〈生〉である。なぜなら、〈存在〉と〈活力〉がなければ〈光〉は無となるのだから。それゆえ汝らは〈生〉によって永久不滅の姿を与えられ、太陽のごとく炎を吹き出し、各自が〈宇宙〉の唯一の中心であり、自主独立した存在となっているのだ。

〈光〉によって汝らがものを見たごとく、〈愛〉によって汝らは感ずるのだ。純粋な〈知識〉の恍惚感があり、また純粋な〈愛〉の恍惚感もあるのだ。この〈愛〉こそが多様なものを結びつける力となり、万物が〈ひとつであること〉を念頭において瞑想することを叶えてくれるのだ。〈宇宙〉は休息しているのではなく、激しく活動しているのだが、その活動を集約すると〈休息〉になることは理解しておくがよい。〈安定〉は〈変化〉であり、〈変化〉は〈安定〉、〈存在〉は〈生成〉であり、〈生成〉は〈存在〉であることを理解することが即ちこの〈法〉の〈黄金の宮殿〉へと至る〈鍵〉なのだ。

最後になるが、自分の〈意志〉に従って進路を決める力は〈自由〉によってこそ得られるものなのだ。〈宇宙〉は無窮であり、汝らは存在の多様性もまた無限であることを知っているのだから、汝の意志のままに自由に楽しみを得ることができるのだ。二つとして似ている星が存在しないことも〈法〉の〈喜び〉であり、汝らはまたこの〈多様性〉自体が〈統一〉であり、多様性がなければ〈統一〉もあり得ないことを理解しておかねばならない。これは〈理性〉に反する苛烈な言葉である。しかし〈精神〉をうまく操作するだけで可能なことだが、〈理性〉を超越して、〈真理〉を直接認識することによって純粋な〈知識〉を得られるようになった時に、汝らには理解できるのだ。
またこれら〈法〉の四つの〈放射物〉があらゆる径《みち》の上で炎をあげて燃えるということも知っておくのだ。汝らはその放射物を、私が既述した〈宇宙〉の〈本道〉だけでなく日常生活のあらゆる〈脇道〉にても使えるのだ。

愛こそ法なり、意志下の愛こそが。

I　自由について

私がまず汝らに書いておきたいのは〈自由〉についてである。というのは、汝らは自由に行動できなければ、まったく行動できないことになってしまうからだ。しかし、〈法〉の四つの賜物は、どれもある程度は使わなければならない。その四つは一つのものだからである。しかし、〈師〉のもとへとやって来る〈志願者〉がまず必要としているのは自由である。

あらゆる拘束のうちで最も強力な拘束力をもっているのは無智である。もし自分自身の目的を知っていなければ、どうして自由に行動などできようか。だから汝らはまず、あらゆる星の中で一体どの星が自分なのか、また汝らの近くにあるほかの星と自分の関係とか、〈全体〉と自分の関係、〈全体〉と自分が同一のものであることを分かっていなければならない。

それが分かるための様々な方法が、我らの〈聖なる書〉に説かれている。各人は推論するだけでなく、直接経験によって絶対的確信を獲得し、独力でそれを見つけなければならない。

やがては自分の確固たる意志を知るに至るだろう。そして意志を知った上で、人は詩人なり、預言者なり、製鋼業者なり、翡翠《ひすい》細工師なりになるのだ。しかし各人はまた自分の無限の〈意志〉、〈大いなる業《わざ》〉を成就すべき己《おのれ》の運命、自らの〈真の自我〉を実現すべき運命をも知らなくてはならない。この〈意志〉については私が皆に明確に語ることにしよう。誰にも関係のあることなのだから。

さて、汝ら自身の裡《うち》に、ある種の不満が宿っていることを理解したまえ。その不満の性質をよく分析するのだ。最終的には必ず一つの結論が得られるものだ。その病は二つのもの、即ち〈自我〉と〈非我〉を信ずること、およびこの両者間の相克から生ずる。これはまた〈意志〉を拘束するものでもある。病人は自分の肉体と対立しているのであり、貧乏人は社会と不和になっているものなのだ。その他の場合についても同様の論法が通ずる。従って、畢竟するに問題なのは如何にしてこの二元性を認識しないようにできるか、そして如何にして統一性を理解するかということなのである。

次に汝らが〈師〉に巡り合って、〈師〉がその〈方法〉を教えてくれたとしよう。汝らの妨げをするのは何か？　嗚呼！　遙か彼方にはまだずいぶん〈自由〉がある。

よく理解しておきたまえ。もし汝らが自分の〈意志〉を堅く信じ、自分の方法を堅く信ずるならば、その方法とは相容れない思考なり行動なりは、その〈意志〉とも相容れないものなのだ。

だからもし〈師〉が汝らに〈聖なる服従の誓い〉をするようにと命じても、服従は〈意志〉の降伏ではなく、〈意志〉の成就となるのだ。

それでは汝らの妨げとなるのは何なのか？　それは内からのものか、外からのものか、あるいはその両方からやってくるものなのだ。決断力に富む者なら輿論など踏みにじることも、あるいは自分の愛する物を心の中から引きちぎることも容易《たやす》いことかもしれない。しかしそれでも数多くの対立する感情は常に残っているもので、例えば習慣というしがらみもあろうが、そういうものも一切克服しなければならない。

我らの至高の〈書〉にはこう記されている。「汝には自らの意志するところを行なうしか権利がないのだ。それだけを行なえ。他の誰にも嫌とは言わせるな」〔I. 42-43〕。この言葉を汝の心の中にも頭の中にも書き記すのだ。これこそが万物の鍵なのだから。

ここで〈自然〉そのものを汝らの説教師としよう。力と動きに関わるどんな現象が生じても、自然はこの真理を声高らかに宣してくれるのだ。板に釘を打ちつけるといった実に些細なことにおいても、この説教を聞くのだ。汝の使う釘は堅くなめらかで先はとがっていなければならない。さもなければ意図した方向に速《すみ》やかに入って行かないであろう。次に先端が二十ある一本の木製の釘を想像して見たまえ。実にこうなるともはや釘ではない。ところが全人類はこれと似たような状態にあるのだ。人間は様々な活動をしたがる。一つのことだけ行なっていればそれを極められたはずの精力を、色々なことに分散して浪費してしまっている。何もしなかったのと同じことになっているのだ。

それではここで隠し立てをせずに告白させてもらいたい。私は少年時代に〈大いなる業《わざ》〉に身を捧げる誓いを立てたが、そして全〈宇宙〉で最強の諸力が、その誓いを守り通せるようにと私を援《たす》けに来てくれたし、習慣というものが私を正しい方向へ進むようにしむけてくれてはいるものの、それでもなお私は自分の〈意志〉を成就してはいない。毎日、決められた日課から顔をそむけている。よろめき、ぐらつき、たじろいでばかりいる。

だからこういう私を汝らの慰めにしてもらいたい。私がこれほど不完全であるなら――私はとても恥ずかしくて、自分のこんな不完全な姿を強調して言ったことなどない――そして選ばれた者である私でさえ失敗するのならば、汝らが私をしのぐことなど如何にもたやすいことだろう！　あるいはまた、もし汝らが私と肩を並べられるのなら、汝らは大きな成果をあげられるはずだ。

だから落ち込むにはおよばないのだ。私の失敗も成功も共に汝らの勇気を奮い立たせる材料となるのだから。

自分の深部にひそむ思考を分析しつつ、自分自身というものを巧く探りたまえ。そしてまず汝らの〈意志〉の妨げとなる大きな障碍物をすべて棄てるのだ。怠惰、愚にもつかない友情、無駄な仕事と遊びなどなど、汝らの幸福と繁栄を邪魔する陰謀は枚挙にいとまない。

次に汝らの本来の生活にとって毎日ほんとうに必要な最低限の時間を見つけたまえ。そのほかの時間は自分の課題を〈達成〉するための〈真の手段〉を見つけることに充《あ》てたまえ。またその貴重な時間を〈大いなる業《わざ》〉にも捧げなければならない。この時、〈課題〉に取りかかりながらも常に意識してこう唱えるのだ、自分はあの崇高なる唯一の〈目的〉に専念すべく、心身の健康を維持するためにのみこの〈課題〉を果たすのだ、と。

間もなく汝らはそのような生活こそが真の〈自由〉なのだとわかるようになるだろう。また汝らの〈意志〉からはずれた気晴らしのあるがままの姿を感ずるようになるだろう。気晴らしはもはや楽しくもなければ魅力的でもなく、束縛と恥にすぎぬと思えてくるだろう。汝らがそう思えるところまで来たら、自分はこの〈径《みち》〉の〈中門〉を通過できたのだと思ってよろしい。その時には汝らは自分の〈意志〉の統一を成し遂げているのだから。

とは言っても、もし劇場に坐っていて、上演中の劇に飽きてしまったら、その時はどんな気晴らしでも歓迎して、どんな出来事にも楽しみを見出すことになろう。しかし、もし劇を熱心に観ているとしたら、そんな出来事は不愉快なものとなろう。つまり余計な出来事に対して取る態度は、そのまま劇自体に対して取っている態度を示していることになるのだ。

最初は、注意力を習慣的に保持するのはなかなか身につけがたいものだ。屈せずに続けることだ。そうすれば周期的に激しい反応が得られるようになる。〈理性〉そのものが汝らにこう言いつつ攻撃してくるだろう、どうしてそんなに厳しい束縛が〈自由の径《みち》〉になりうるのか、と。

堪え忍ぶのだ。汝らはまだ〈自由〉を知ったことがないのだ。様々な誘惑に打ち勝てば、〈理性〉の声は沈黙し、汝らの魂は自ら選んだ進路をなにものにも邪魔されずに前進していくことになろう。そしてそこで初めて汝らは〈自己の支配者〉、〈宇宙の支配者〉であることの強烈な歓びを経験できるのだ。

それが完全に達成されて、しっかりと支配力を手中に収めたなら、汝らは初めは面白がったものの、やがては怒りを覚えるようになった様々な気晴らしを、また楽しめるかもしれない。だが、もはやそういった気晴らしは楽しくもなければ怒りを覚えるほどのものでもなくなるだろう。気晴らしは汝らの奴隷であり玩具となったからだ。

この段階に至ってこそ初めて汝らは全面的に自由の身になれるのだ。汝らは欲望を抹殺せねばならない。恐怖心を抹殺せねばならない。最後には一部分が発展して全体を害する危険性もなく、またその危険性が生ずるかもしれぬとの不安をもつこともなく、自分自身の性質に従って生きる力が獲得できるのだ。

酒呑みは酒を飲み、酔っ払う。臆病者は飲まず、震える。賢人は勇敢に自由に飲み、〈至高神〉を讃える。

これが〈自由の法〉である。汝らはあらゆる〈自由〉を権利として握るが、〈権利〉を〈力〉で補強しなければならない。汝らは幾多の戦争の中で自ら〈自由〉を勝ち取らねばならないのだ。祖先が子孫のために勝ち取ってくれた〈自由〉にひたって眠っている子供らに災いあれ！

「汝の意志するところを行なえ、ということ以外に法はない」〔III. 60〕。しかし、その〈法〉に従うだけの強さと勇気を持っているのは最も偉大な人間だけなのだ。

人間よ！　汝自身を見るがよい！　如何なる苦しみと共に汝は作られたのか！　汝が姿を現わすのにどれほど永い歳月が流れたことか！　この惑星の歴史は織り

成されてまさに汝の頭脳そのものになるのだ！　こういうことは何もかも無駄だったのか？　汝には何の目的もないのか？　汝は食し、子を産み、死ぬために造られたのか？　そんなふうに思ってはならない。汝には実に数多くの要素が包含されているのだ、汝は永年にわたる労作の賜物なのだ、汝はある途轍もない〈目的〉のために、現在ある姿に造られているのだ。

だから、気力を奮い立たせてその目的を追求し、目的を果たすがよい。汝の超越的な〈意志〉を成就すること以外は何をもってしても汝を満足させることはできない。その〈意志〉は汝の内に秘められているのだ。さあ、だから戦闘準備だ！　独力で自らの〈自由〉を勝ち取るのだ！　突撃だ！

II
愛について

「愛こそ法なり、意志下の愛こそが」〔I. 57〕と記されている。この言葉の中にこそ〈奥義〉が秘められている。というのは、ギリシア語では、アガペー（αγάπη）、即ち〈愛〉はテレマ（Θελημα）、即ち〈意志〉と同じ数値になるからだ。このことから我らは〈普遍的意志〉は〈愛〉と同じ性質のものであることがわかる。〈愛〉は〈ひとつ〉になろうとする意志をもった〈二者〉が恍惚として燃え上がるものだ。だから上記の『法の書』の言葉は〈高等魔術〉の〈普遍的〉な式文となるのだ。そこで、分離して存在しているがゆえに悲しみに陥っているものはすべて当然、治療薬として〈ひとつ〉になりたいとの意志をもたねばならないのだ。

また〈自然〉という監視装置もあって〈自然〉の胸もとの〈智慧〉を求めてい

る物に警告を与えてくれる。正反対の性質を備えた要素が結合する際には、激しい熱と光と電気が生ずるからだ。また我らは人間の内に詩とか様々な才能という精神的産物を認めることもできる。この産物は〈哲学〉などを教え込まれた者の立場から見れば動物的な性質にすぎぬと思われるものを種として実を結んでいる。それから最も激しい神聖な情熱は、まったく調和し得ぬ性質をもった人間同士のあいだに生ずるものだということをよく認識しておかねばならない。

しかし無生物とか観念に恋をしないようにさせる種族としての制限など人間の精神の内に存在していないことは汝らに知っておいてもらいたい。何らかの方法で〈瞑想法〉に熟達した者にとって、たとえ以前は自分の〈意志〉にかなっているように見えたとしても、〈一つのもの〉を除いては何もかも一切が不快に思えるのだ。万物は精神により把握され、〈愛〉の七重の竈《かまど》の中にて熱せられなくてはならない。そうすると遂には爆発的な恍惚感と共に万物は結合し、姿を消してしまうのである。それというのも万物は不完全なものであるから、〈統一の成就〉が達成されると、すっかり破滅してしまうのだ。ただし、〈愛する者〉と〈愛される者〉は融合して〈愛〉という精神的な黄金になるのだが。〈愛〉は人間を一人も知らないのだが、全員を把握しているのである。

どの星も一箇の星にしかすぎないし、二つの星が集まっても生まれるのは一箇の部分的な恍惚にしかすぎないのだから、我らの神聖なる〈科学技術〉を会得しようと思う志願者は数々の観念を同化するこの方法を用いて、絶えずその数を増加させねばならない。そうすれば彼は遂には一度思考するだけで〈宇宙〉を理解できるようになり、彼の〈自我〉の激しい力を行使して〈宇宙〉の上に飛び乗り、〈宇宙〉をも〈自我〉をも共に破壊してしまい、〈無〉という名の〈統一体〉となろう。だから汝らは〈結合〉したいという強い情熱と欲望を抱いて、夢中になって何物とでも自分を結びつけられるよう絶えず努めたまえ。この目的を遂げるためには、身の毛もよだつ嫌悪すべき性質のものをことごとく相手に選ぶがよい。というのも、快いものとなら容易《たやす》く同化してしまって恍惚感など伴わないからだ。〈自我〉が〈愛〉の内にて根底から揺すぶられるのは、不快な嫌悪すべきものが〈愛すべきもの〉へと変貌する時なのだ。

人間の愛情の場合でも、凡庸な男は価値のない女と交わるものだ。しかし〈歴史〉が教えてくれているように、世界の最高の指導者たちはこの上なく卑しいひどい女を追い求めては囲い、そして凡庸を超えんがために性と種族の掟を踏み外すことすらあるものだ。こういう性質の男の場合は、欲望とか情熱を刺戟するだけでは足りなく、あらゆる手を尽くしてでも想像力そのものを燃え上がらせなければすまないのだ。

それでは、卑しい掟からはことごとく解放されている我らの場合、〈統一〉を求める我らの〈意志〉を満足させるにはどうしたらよいのか。〈宇宙〉よりも劣るような女ではだめだ、〈無限の空間〉よりも狭苦しい売春宿もだめだ、〈永遠〉と同じ長さの夜がなくては凌辱できない。

〈愛〉はあらゆる〈恍惚〉を生み出す力を備えているのだから、〈愛〉がなければ恍惚を求める気持ちは何にも増して強くなるものだ。〈愛〉でしくじる者の苦しみは実に大きいが、何かを求める情熱を心の内に持っていない者は、渇望感の痛みに嫌気がさしてくるのだ。その状態を神秘主義では「乾き《ドライネス》」と呼んでいる。この「乾き」をうるおす薬は、私が思うに、〈生の規則〉を堅持する以外にないだろう。

だがこの「乾き」にも長所《とりえ》はある。〈意志〉に対して異議を唱える諸々のものを〈魂〉の中から追い払ってくれるからだ。完璧な乾燥状態になれば、〈魂〉を満足させるには〈大いなる業《わざ》〉を〈成就〉させる以外に何の手立ても通用しなくなることは間違いない。そして強い魂の場合、それを成就することが〈意志〉を刺戟することになるのだ。我らの裡《うち》にある不純物をことごとく燃え尽きさせるものは〈渇き《サースト》の竈〉にほかならない。

しかし、一つ一つの〈意志〉の行ないに対しては、それぞれある特定の〈乾き〉が対応している。〈愛〉が汝らの裡にて高まるように〈愛〉が無いために生ずる苦痛も強まるものだ。この乾きを汝らの試練の慰めとするがよい！　また不能という疫病が猛威をふるえばふるうほど、衰えるのもまたそれだけ速くなり突如として収まるものだ。

〈瞑想中の愛〉の方法について説明しよう。〈志願者〉は気の向くままに何にでも注意力を集中させる〈技術〉をまず実践し、さらにその訓練を積まなければならない。この時、ごくわずかであっても注意をそらせてはならない。

また志願者は〈観念の分析〉方法、および快不快を問わずどんな観念に対しても精神がごく自然に反応できないようにする方法を実践し、自らを〈単純〉と

〈無関心〉の中に封じ込めなければならない。機が熟して、以上のことを達成したなら、どんな観念をも汝らは理解できることになろう。どの観念も単純で平凡なのだから。またどの観念も動かず張り合わず、他の観念に向かって進んで行くこともなく、精神の中に気の向くままにとどまっている。

しかし、それぞれの観念はすべての観念に共通する特定の性質を一つ持っている。即ち、どの観念も〈自我〉ではないということであり、〈自我〉によって認識されている限りでは、観念はいずれも〈自我〉とは〈正反対のもの〉なのだ。

この方法を完璧に体得したなら、その時こそ志願者は自らの〈愛への意志〉を観念へと向けるのだ。そうすれば志願者の全意識は〈ひとつの観念〉に焦点を合わせることとなろう。最初は志願者の意識はしっかりと焦点上に固定されているかもしれないし、あるいは軽く固定されているかもしれない。しかし、やがては乾燥感ないし嫌悪感へと変化していくだろう。そして最後には、〈愛の意志〉がとるあの〈行為〉を執拗に繰り返して、〈愛〉自らが鳥か炎か歌のごとく姿を現わし、そして〈魂〉全体が音楽という燃え立つような路を〈最高天〉目指して飛んでいくのだ。

この方法の場合、辿ることのできる道は数多くあり、歩きやすい真っ直ぐな道もあれば人目につかぬ謎めいた道もあるのだが、これは人間の愛の場合と同じで、まだ誰もその〈地図〉を作成するためのスケッチすら作ったことがない。〈愛〉の多様たること、〈星〉にも劣らず、無限にあるからだ。そこで私は〈愛〉自らが汝らの心の支配者になるにまかせているのだ。汝らが不断の努力を怠らず献身的に〈愛〉に仕えるならば、〈愛〉は正しい教えを与えてくれるだろう。

汝らは〈愛〉が奇妙な悪戯をしても腹を立てたり驚いたりしないこと。〈愛〉はわがままで気ままな少年であり、〈我らの貴婦人アフロディテ〉にして〈愛〉の優しき〈母〉の〈手練手管〉に通じているのだから。〈愛〉が仕掛ける悪戯と残忍な行為は、すべて糖菓中の香辛料みたいなもの、その巧妙さたるやとても太刀打ちできない。

だから〈愛〉の演ずる遊びを楽しみたまえ。汝らは断じて自らの情熱を惜しんだりせずに〈愛〉の鞭を受けていよいよ燃え上がり、〈笑い〉を材料にして〈愛〉の助けとなる秘蹟を作り上げるがよい。ランスのワインには炭酸も刺戟であって、かえってそれが〈酩酊〉という〈高僧〉を助けているのではないか。

ここで汝らに〈愛〉の中にある〈純粋さ〉の重要性について説くのもよかろう。この問題は本書で説く実践の目的とも方法とも関わりはない。重要なのは、異質な要素を入り込ませてはならないということだ。これは特に志願者にとって主要かつ世俗的な仕事、即ち自らの自然な感情に従って自己を確立するという仕事をする際に守らなければならないことだ。

万物は〈一つの真実〉の仮面ないし象徴であり、自然は完成度の低いものの蔭に隠れている完成度の高いものを見つけ出そうと常に努めているのだということをよくわきまえておきたまえ。そこで人間の愛の〈手練手管〉は汝らには象形文字の役目を果たしてくれるのだ。上なるものは下なるものの如し、また下なるものは上なるものの如し、という文章があるのだから。

したがって汝らは純粋さというこの問題で失敗しないよう、十分に気をつけなくてはならない。一つ一つの行為はそれぞれの次元で完結しており、別次元の影響力が入り込んできて干渉したり混じったりすることはないが、それでも各行為は本質的に完璧であり完成したものであるから、それぞれの行為はほかのどの次元にも存在する完璧さを反映しており、最高の純粋な〈光〉を他と共に受けてもいる。またあらゆる行為はそれぞれの次元における〈自由〉な〈意志〉の行為であり、すべての次元は実は一つのものなのである。そしてその〈意志〉の示す最低限の表現は同時に、最高の〈意志〉あるいは唯一の真の〈意志〉が示す表現の一つにもなっている。真の〈意志〉とは、〈法〉を受け容れる際に既に述べられているもののことだ。

如何なる種類のものであれ本来の自然な活動を締め出すのは必要でもないし正当なことでもない。口先だけの連中、精神をいわば去勢された輩《やから》がでまかせの教えによって多くの健全な人びとを破滅に追いやることもありうるのだ。どんなものでも、それ自体に相応《ふさわ》しい完全性とか理想を本来もっているものなので、ある一部分であってもその部分がもっている力とか機能が十分に発揮できなくなると、全体までが歪んで堕落してしまうのである。だから八方、手を尽くして行動したまえ。ただしそのあらゆる方法がもたらす結果を〈意志の一つの方法〉へと変換すること。それは可能だ、何故ならあらゆる方法とは〈本当〉は〈一つの方法〉であり、〈宇宙〉そのものも〈唯一〉のものだからだ。それが〈多様〉に見えるのは幻想で、この幻想こそ〈愛〉が追い払うべき目標なのだ。

〈愛〉の成就には二つの原理がある。征服の原理と産出の原理だ。しかしこの二つの原理の性質は説明がむずかしい。なにしろ微妙な原理なのだ。これは〈愛〉自らがその〈作用〉を示しながら教えてくれるのが一番わかりやすい。ただ一般論として言えるのは、どちらを選ぶかはまったく無意識に行なわれるということであり、それは汝らの裡に棲息する秘められた〈意志〉が決めることなのだ。だから意識的に決めようとしてはならない。真の本能にまかせておけば誤ることはまずないはずだ。

　しかし、もうこの件はここで終えることにしよう。我らが〈聖なる書〉には〈愛〉の実践について詳述されているのだから。殊に〈悲劇〉と〈喜劇〉を取り上げ、シンボルとイメージを用いて巧みに説明されているのだから、それが一番確かであり真実でもある。なにしろ事の性質上そういう象徴的な書き方が相応しいのだ。〈生〉は〈愛〉の華が実らせる果実にほかならない。

　私が今汝らに書き記さねばならないのは〈生〉についてだ。それというのも、汝らは〈愛〉の中にある〈意志〉のあらゆる行為によって〈生〉を今造りだそうとしているからだ。〈生〉は汝らの想像以上に神秘的で喜ばしい精華であり、い

わゆる生とよばれているものは、真の〈生〉の影にすぎず、汝らの生得権とか
〈意志《テレマ》の法〉の賜物となっているものだ。

III 生について

収縮と拡張。あらゆる構成要素はこの二つの面をもっている。人間の生もまた同様。受精卵の潜伏期から始まって上昇して頂上へ至り、死へと下降していくではないか？　もっとも厳密に考えれば、必ずしもそうとばかりは言えない。人生は無限に向かって延びている蛇行した曲線の一部にしかすぎず、その零地点にしても正から負あるいは負から正への転換地点を表わしているだけなのだ。だからこそ古代の賢人たちは〈生〉を示す〈象徴文字〉に〈蛇〉を選んだのだ。

〈生〉は他のものと同様に破壊不可能なものである。前章で記したように、破壊と構築とはすべて〈愛〉の性質の中で起こる変化のことなのだ。しかし手首を流れる血液が一度目の脈と二度目の脈では別のものに変わるように、一つ一つの

〈生〉が通り過ぎていくにつれて、否、一つ何かを考えるごとに個性も部分的には破壊されるものなのだ。

それではもし、死んでから妖精の取り替え子に生まれ変わるとしたら、人はどうするか。記憶があるから継続という意識はあるし、また〈自我〉は変化によって脅かされるどころか、かえって変化によってその存在が確かになる何ものかだという意識はある。そこで聖なる〈智慧〉を目指す志願者は自分の〈自我〉をもはや〈蛇〉の一部としてではなく全体として考えてみるがよい。そして誕生と死とは心臓の収縮と拡張と同じ程度の小さな出来事であり、必要なものなのだと考えられるくらいにまで意識を拡げるがよい。

精神が〈生〉をこのように捉えられるようにするためには、二つの好ましい方法がある。その方法は大いなる悟達を得るための予備段階となるものであり、この大いなる悟達とは今まで私が記してきた〈自由〉と〈愛〉の所業さえも超えてしまう境地のことなのだ。私は汝らが〈大成就〉へと到達できるようにと本書でそのような〈生〉の捉え方について語ろう。

第一の方法はいわゆる〈魔術的記憶〉を会得することで、その手段については我らの〈聖なる書〉に精確に明快に記されている。しかし、この方法は途轍もなく困難な訓練で、実行できる者はほとんどいないだろう。そうなると志願者はこの方法をとるかやめるか、自らの〈意志〉の衝動に従って決断すればよい。

第二の方法は容易で無理がなく、煩わしさもない上に、第一の方法と同様に確実な方法である。ただし、第一の方法は〈落胆〉が過ちの原因となっているように、第二の方法は〈偽りの道〉があるから要注意だ。一般的にどんな〈仕事〉でも〈失敗〉という障碍と〈成功〉という罠の二つの危険がつきまとっているものだということは附言しておこう。

さて、この第二の方法は汝らの生を作り上げている諸々の〈存在〉を分離してしまう。まずこれは実にたやすいことなので、〈光体〉（とかその他様々な名称で）と呼ばれている〈形〉を隔離して、汝らはその〈形〉の中に入って旅をし、あの諸世界――その世界と物質との関係は汝ら自身の〈光体〉と自身の物質的姿形との関係に等しいのだが――を系統立てて探査するのだ。

旅の中で汝らは通り過ぎることのできない幾多の〈門〉に遭遇することになろう。それは汝らの〈光体〉がまだ十分な強さをもっていなかったり、あるいは精妙さが足りなかったり、純粋さに欠けていたりするからだ。その時は第一の方法と同様な手段によってその〈体〉の諸要素を分離しなければならない。その時汝らの意識は下層界を離れて上層界にとどまっているものとする。汝らの意識の〈矢〉が遙か高く神聖な天空を射抜けるように汝らの〈意志〉を大きな〈弓〉さながらに引き絞りつつ、この方法を続けたまえ。この方法を続けること自体に大きな価値があるのだ。間もなく習慣となって汝らは次のことを納得することになろう。すなわち黄道十二宮を海王星が一周する程度のわずかな期間内で生まれ死んでしまう肉体は汝らの〈自我〉の本質ではないということ、および汝らが参加している〈生〉は作用と反作用、干潮と満潮、収縮と拡張の〈法則〉の支配を受けてはいるが、それでも汝らがかつては〈存在〉と自分を結びつけている唯一の絆と目していたあの人生の苦悩とは無縁であることを納得するであろう。

ここで汝らは〈自我〉が最大の努力をするように決意しなければならない。この〈楽園《エデン》〉の草原は百花繚乱、果樹園の果実もいよいよ甘く、汝らはその中を嬉々として散策し、怠惰とたわむれの美しさを知ることになろう。そこで私は汝らにひときわ力をこめて言っておきたい。汝らの真の進歩を妨げぬよう、そんな怠惰に陥ってはならないのだ。楽しみはどれもこれも二面性をもっているもの。その本当の名は〈幻の悲しみ〉、つまりは汝らが超越しようと心を決めた凡庸な人生の悲しみと同じようなものなのだ。

自分の〈意志〉に従うのはよろしい。だが（既述のとおり）手の届かぬものを望んだ者だけが幸福であることを知っておくがよい。これも既に記したことだが、畢竟、〈愛〉すなわち〈征服〉、〈死〉即ち〈降伏〉に最大の喜びを見出すことが〈意志〉であるならば、それに越したことはないのだ。そこで汝らは前述の様々な楽しみをただ玩具として楽しむだけにして、しっかりと雄々しさを維持して〈意志〉に捉えられることなく、ずっと深くて神聖な恍惚感の中へと入り込まなくてはならない。

さらに汝らに教えておくべきことがある。それはこの方法をひたすら熱心に追求すれば、特別な恩恵に浴することができるということなのだ。その恩恵というのは、方法そのものを超越したある状態に入り込むことで、その状態は〈純粋な光〉の〈所業〉と同じ性質を有しているのだが、それについては次章にて説明しよう。個性を意識している者つまり〈自我〉と〈非我〉は対立的なものだと意識している者には通過できない〈門〉が幾つかある。その〈門〉のところで天上界の欲望が激しく襲ってくると、汝らの炎は汝ら自身の大きな〈自我〉に向かって燃えさかるのだ。もっとも、その炎は汝らが今想像しているよりも神聖なものなのだが。そして炎に飲みこまれて〈自我〉は神秘的な死を遂げ、〈門〉を〈通過〉する際に何もかもが解体して形のない〈統一の光〉の中に融けてしまうのだ。

さて、そういう状態からもどってくると、もどる際にも〈神秘的快楽〉はあるのだが、汝らは〈月の闇のミルク〉から乳離れして、〈太陽〉の血である〈ワインの秘蹟〉の相伴にあずかることになろう。ただし最初は衝撃も葛藤もあることだろう。なにしろ古い思考が習慣の力を頼りに居坐っているのだから。〈光〉の中に宿る〈生〉を意識する正しい習慣を身につけるのは汝らの役目である。汝らに力があれば、それは容易なことだ。真の〈生〉は偽物よりも（私の粗雑な判断ではあるが）ずっと活力があり、ずっと純粋なので、一時間も本物を体験すれば、偽物を一年間味わったに等しい印象を記憶が受けることになるのだ。たった一度でも体験すれば、たとえ体験期間が地球時間の二、三秒にすぎなくとも、地上の虚しい人生の現実などまったく信じられなくなってしまう。しかし、衝撃とか恐怖のために意識が離れてしまうと、その至福感も徐々に薄れてしまうものなのだ。〈愛〉によって勝ち取ったその至福、死よりも美しくも怖ろしい至福を〈意志〉が絶えず繰り返そうと努めなくなると薄れてしまうのだ。

真の〈生〉を捉える方法は他にも数多くあるが、汝らが自分自身の存在を見る際に犯す致命的な過ちを正すのに大いに力があるのは次の二つの方法だ。第一の方法は〈愛と死の同一性〉について絶えず瞑想すること、そして肉体の解体とは〈宇宙の体〉の上で行なわれる〈愛の行為〉だと理解することだが、これは我らの〈聖なる書〉に詳しく説かれている。いわば双子の弟をもつ姉のように、この方法に附随するのが、やがて死んでしまう愛を大いなる〈死〉を象徴する秘蹟として実践することだ。「汝自身を抹殺せよ」、また「日々死ぬがよい」との言葉もある。

もう一つの方法は、観念を頭の中で把握し分析するもので、これについて主なことは既に汝らに教示したが、ここで強調しておきたいのは、元来嫌悪すべき事柄、ことに死とそれに附随する現象を選ぶべきだということだ。だから仏陀は弟子たちに「十の不浄」、即ち死んで腐敗してゆく十の場合について熟考するように命じたのである。そうすれば〈志願者〉は自身が死体になったようなつもりになり、死体に対して抱いていた自然な恐怖感、嫌悪感は失われることになるのだ。また如何なる観念も執拗に調べられることになれば、非現実的で浮き世離れした明らかな幻覚と化してしまうものだ。あらゆる肉体的印象の中でもこれは特にやりやすいのだが、それというのも物質的なもの、特に我らが最初に意識するものである自分自身の肉体はあらゆる偽物のなかでも最も大きく不自然なものだからである。我らの裡《うち》にはあの〈光〉が潜在していて、その〈光〉の中ではどんな誤りも永くは留まっていられないのだ。〈光〉を包み込んでいるヴェールをまず拒絶することを我らの本能は〈光〉から教わる。また（多くの者にとっては）瞑想中に、〈愛への意志〉を神聖な神話の中心部に集中させることは有益なことである。それらの中心部は、より精妙な領域に存在する似たような中心部の姿を的確に、あるいは精確に映し出しているのだから、その中心部の粗野な性質を〈瞑想〉という溶解力のある酸により分解してしまえば、その精妙な魂は（謂《い》わば）裸になって現われ、志願者の意識の中で自らの力と光輝を見せてくれるのだ。

然《しか》り、汝らは〈愛への意志〉を激しく燃え立たせて、海岸のない〈時〉という名の海へと彼を送る真の〈生〉を自分自身の内に創り出すのだ！　時の流れを恐れてけちな生き方するな！　〈時〉を計る基準たる〈月〉と〈太陽〉と〈星〉は汝らの内にて脈動する〈生〉の下僕、あるいは汝らが〈時代の並木路〉を勝ち誇って行進する時に轟く陽気な太鼓の音にすぎないのだ。このような認識のもとでは、汝らの誕生と死とは永劫に命を失わぬ〈路〉上の単なる標石と見做《みな》されるだけなのだから、汝らの卑しい人生の愚かな出来事など何だというのだ。砂漠の風に吹き飛ばされる砂粒か、足で蹴散らされる小石か、あるいは汝らが踊りながらしなやかな芝生を踏みしめていると所々に現われる窪地と同類のつまらぬものではないか。〈生〉の中で生きている者にとっては何も問題にはならない。永遠に続く動きと活力と、衰えることのない〈変化〉を喜ぶ気持ちは彼のものだ。飽くことなく、汝らは永劫から永劫へ、星から星へと移り動き、〈宇宙〉は汝らの遊び場であり、そこでするスポーツは多種多様をきわめ、いずれも最古にして最新のものだ。悲しみと恐怖を育む諸々の観念の真の相《すがた》は明らかになり、喜びの種となる。汝らは如何なる証拠をも超越して、自分は絶対に死ぬことはないとの自信を持つ。また汝らは自身が変わるものであっても、変化とは自分の性質の一部だとの確信を持つのだ。〈大敵〉は〈偉大なる同志〉となるのである。

これが完了すると、汝らの〈自我〉はまさしく〈生命の樹〉そのものとなり、汝らは梃子《てこ》の支点を得たことになるのだ。そして〈統一〉の発するこの鼓動は〈二元性〉そのものであり、従って最高に神聖な意味では〈悲しみ〉と〈幻想〉であるということを汝らは理解できるだろう。理解できたなら、さらに〈法の第四の賜物〉、〈径《みち》の末端〉、〈光〉をも目指すがよい。

IV 光について

これから私は〈光〉について書き記すが、どうか辛抱してもらいたい。なにしろ言葉で表現するのは困難を極めるのだ。それに、私自身この問題の荘厳さに絶えず押し流され圧倒されているのだ。だから私が人に教えを伝えられるような表現を用いて、穏やかな足取りでとぼとぼと進んでいくと、平明な言葉は急に抒情詩に変わってしまうかもしれない。私が願ってやまないのは、汝らが直観力によって同調し、理解を得てくれることなのだ、ちょうど恋人同士が他人には莫迦莫迦しくてやりきれないように思えることを互いにしか分からぬ言葉で話し合っているような具合に、あるいは〈エーテル〉に酔って陶然としている者たちが言葉なり身振りなりを媒介として無限の機知とか智慧と親交を結び、その妙薬のお蔭で理解力を得ているみたいに。この〈光〉を熱愛し、この〈光〉という霊妙なワインに酔っている私は、汝らの理性および知性とではなく、汝ら自身の裡《うち》に潜んでいて私を待ち受けている原理と交信するのだ。また気も狂わんばかりに愛し合っている男女は（謂《い》わば）魂が感応しているために一言も言葉を交わさずにいるものだ。汝らの理解力は、汝らが私の〈真理〉を感じ取れるだけ成熟しているかどうかにかかっている。さらに、もし汝らの裡にある〈光〉が外へ飛び出すべく準備がととのっているなら、〈光〉は自分の言語を用いて秘密の言葉を汝らに伝えるだろう、ちょうど正しく調音してある絃《げん》が別の絃の奏でる音に同調して振動し始めるように。だから眼と頭だけ使って読むのではなく、汝らが〈愛への意志〉によって獲得したあの〈生〉のリズムを使って読みたまえ。そのリズムは秘密の言葉によって踊りのリズムにまで速められ、私の〈愛への意志〉という杖の動きに従い、汝らの〈光を求める生〉を燃え立たせるのだ。

（ここで私は本書の執筆を中断し、二日二晩一睡もせず考え続け、自分の精神と激しく闘った。先を急いだり、うっかり失敗してはいけないからだ）

〈意志〉および〈愛〉を働かせる場合には動きとか変化が必ず伴うものだが、

〈生〉の場合にはある〈統一〉が得られる。〈統一〉は一時的に部分的にしか動いたり変化したりせず、音楽のようになだらかなものである。この〈生〉を成就する時には、汝らは既にその生の〈本質〉が純粋な〈光〉であり、何の束縛も徴《しるし》もない無形の恍惚であることを経験ずみであろう。この〈光〉の中には何も存在しない。この〈光〉は均質なのだ。だから人間はそれを〈沈黙〉とか〈暗闇〉とか〈無〉とかいう名で呼んできたのだ。しかしこういう呼び方は、もっともどんな呼び方をしようと同じことだが、嘘と誤解の始まりとなる。言葉は必ず二元的意味を与えてしまうからだ。私はそれを〈光〉と呼びはするが、実は〈光〉でもなければ、さりとて〈光〉の無い状態でもないのだ。多くの者が否定表現によって、それを表現しようとしてきた。超越的な否定表現を用いることによって、多少なりともその性質や特徴が表わされるかもしれないというわけである。同様に、象徴によって表現しようとする者も多くいた。しかしいつでも決まって失敗に終わってしまうのだ。だが、この〈光〉の性質をすぐにも理解できそうだった人たちは共感によって理解していた。ささやかな本書を読んでくれて、そして、これを愛してくれている汝らもそうなることだろう。しかしながら、この問題についての最良の教え、そして〈ホルスの永劫《アイオン》〉に最も相応《ふさわ》しい〈言葉〉は『法の書』に記されているということを汝らに教えておこう。また〈光〉の〈所業〉の場合は『アラリタの書』が最適である。これは〈意志〉の所業については『聖三文字の書』が、〈愛〉の〈方法〉については『蛇を帯びる心の書』が、そして〈生〉の方法については『リベル』が最適なのと同じことだ。これらの書物はいずれも〈四つの賜物〉すべてとの関わりをもっている。最終的には汝らにも両者が切り離すことのできぬ関係にあることが分かるであろう。

私は汝らに93という数、即ち〈Θελημα（テレマ）〉の数について記しておきたい。この数は単に〈αγάπη（アガペー）〉を解釈して得られる数を示しているだけでなく、もし汝らがA∴A∴の〈初参入者《ニオファイト》〉でなかったなら知ることのないある〈語〉の数をも示しているのだ。そして、その語は〈沈黙〉から〈言葉〉が生じ、最後にはまた〈沈黙〉へと回帰して行くことを表わしている。93という数は31の三倍で、31はヘブライ語ではＬＡ、即ち〈否（ＮＯＴ）〉だ。であるから、三次元の〈空間〉での拡張を否定している数である。また私は〈ヌー（ＮＵ）〉という名について汝らにじっくりと瞑想してもらいたい。この名の数は56なのだが、その5と6

を用いて我らは除法、加法、乗法で計算し、理解しなくてはならないのだ。除法では〇・一二という答が得られる。まるでヌイト！　ハディート！　ラー＝ホール＝クイト！　と書かれているかのように。加法では十一、即ち〈真の魔術〉の数になる。乗法では〈三百〉、これは〈聖霊〉あるいは〈火〉の数であり、ヘブライ文字の〈シン〉の数である。万物を消滅させる数なのだ。以上のことを考慮し、666と418という数の神秘を十分に理解すれば、汝らは武装も整って遠距離飛行ができよう。しかし、またあらゆる数についても、汝らは考えなくてはならない。純粋な数学ほど優れた決定手段はないのだから。数学では粗野な観念は既に洗練され、何もかもが〈大いなる業《わざ》〉の〈錬金術〉のために整えられている。

どのようにして〈愛の意志〉の中で〈光〉が〈生〉の秘密の一部として姿を現わすのかは、既に汝らに記したところである。〈生〉を達成しても、最初はまだその〈生〉も個人的な域を脱していないが、やがて非個人的な普遍的なものになってゆく。すると〈意志〉が磁極に辿り着く。磁極から出ている力線はどれも、どの方向にも向いていると同時にどの方向にも向いていない。〈愛〉もまたもはや所業ではなく、一つの状態となる。こういった諸々の性質は〈普遍的生〉の一部となるのだ。〈普遍的生〉は〈意志〉およびその意志に本来備わっている〈愛〉の喜びと共に無限に前進して行く。このような諸々のものは最終的には名前もまたその性質をも失ってしまうのだ。しかしそのような種々の性質は〈生〉を作っている〈材料〉であり、〈生〉の〈父母〉なのである。それらの作用と影響力なくしては〈生〉自体も徐々に鼓動を失って行ってしまうのだ。だが全〈宇宙〉の無限のエネルギーが〈生〉の中に宿っているのだから、〈生〉としては少しずつ〈光〉——〈光〉は〈生〉の極秘の精妙な〈性質〉である——の中へと融けこんでいきながら、自らの〈最初の意図〉へともどる以外に何ができようか？

この〈宇宙〉はじつは〈零《ゼロ》〉であり、合計すると〈零〉になる方程式である。その証明として、もし零にならなければ宇宙は均衡を失っているだろうし、〈無〉から有が生まれたということにもなって、まったく道理に合わぬことになるだろう。この〈光〉あるいは〈無〉は宇宙の方程式の〈完璧〉な〈結果〉ないし〈合計〉なのだ。その他のあらゆる状態は、正負を問わず皆不完全なものである。というのは、それらは自分と対立するものを削除してしまうからだ。

それでも私はあらゆるものと〈無〉との間に成立する方程式が絶対的なものであることを汝らに考えてもらいたい。そして汝らはその時までには終えているはずの経験と照らし合わせてみて、この最大の〈神秘〉を理解することだろう。終えているはずの経験とは、つまり動きと休息、変化と安定、その他多くの対立事項が汝らの気高い瞑想により対立するものではなく同一のものであると認識されることである。

それから、〈法〉の最高の賜物が〈三つの小さな賜物〉を完璧に実行することによって得られる。汝らは徹底的にこの〈業《わざ》〉を行なわなければならない。そうすることによって汝らは方程式の右辺から左辺、左辺から右辺へと自在に移動できるようになるのだ。否、全体を一度に、しかも永久に捉えることが可能になるのだ。そうなると汝らの時間と空間に縛られた魂は自らの性質に従って自分の軌道を運行、鎖につながれて歩いている連中に〈法〉を説くのだ。それが汝らの役目なのだから。

さて次に〈悪の起源についての神秘〉だ。まず、〈悪〉という時、我らが意味しているのは自分たちの意志と対立しているもののことだ。従って、それは相対的な言葉であって、絶対的なものではない。ある者にとって最悪のものが、別の者には最良ということもある。ちょうど樵夫《きこり》をうんざりさせる堅い木が、その木で造った船で航海している者にとっては、その堅さゆえに安全であるのと同じだ。これは凡人にも理解できる簡単な真理だ。

　悪とはどれもこのように相対的だったり、あるいは見かけ上のものだったり、幻だったりする。しかし哲学に立ちもどって考え、私は悪の根源が常に二元性にあるということを繰り返して述べることになろう。だから、この外見上の悪からのがれるためには〈統一〉を探し求めればよいのだ。汝らにはすでに説明したのだから、その通りに行なえばよい。しかし私は今、この問題について『法の書』に書かれていることを引き合いに出したい。

　まず第一歩は〈意志〉であるから、〈悪〉とは「〈意志〉の実行を妨げるものすべて」と定義される。だから「〈罪〉の言葉は〈制約〉である」〔I.41〕と記されているのだ。さらにまた注意しなくてはならないのは、『三十のアエティールの書』では〈悪〉は〈コロンゾン〉の名で登場していることだ。〈コロンゾン〉の数は333で、ギリシア語で〈不能〉と〈怠惰〉を意味する。また〈コロンゾン〉の性質は〈離散〉と〈矛盾〉である。

次に〈悪〉は「二者の〈結合〉を妨げようとするもの」として現われ、〈愛〉の行く手を阻《はば》む。だから『法の書』には〈ヌイト〉の〈声〉で「心ゆくまで汝らの愛の意志を満喫するがよい！　ただし、常に私の方に向かってそうするのだ」〔I. 51〕と記されているのだ。〈愛〉の行為はどんな場合も「〈意志〉の下《もと》に」なければならない、つまり〈真の意志〉に従っていなければならないのだ。〈真の意志〉は不完全な移ろいやすいものには満足せず、断乎として〈終末〉へと向かう。そこでまた『三十のアエティールの書』によれば〈黒き同胞団〉というのは、〈愛〉によって身を滅ぼすのが嫌で心を閉ざしてしまった者たちのことなのだ。

第三に、〈悪〉はさらに微妙な姿をとり、「個人的でなく普遍的なもの」となって現われ、〈生〉の妨害をする。『法の書』では〈ハディート〉の〈声〉でこう語っている。「天球において、私は至る処で中心」である〔II. 3〕。また「私は〈生命《いのち》〉であると同時に〈生命《いのち》〉を授ける者でもある。〔中略〕『わが方へ来たれ』とは愚言にすぎぬ。実際に赴《おもむ》くのは、ほかならぬこの私なのだから。〔中略〕この私は〈否《ノット》〉なるをもって完璧な者なのだから」〔II. 6–15〕。この〈生〉はどんな場所にでもいつでも同時に存在することができ、従って限界をもたぬものなのである。〈愛〉の行為において、〈生〉が自らの力によって創造を始めると時間も空間も消え去ってしまうことは汝らも理解できるようになろう。この場合も、またさらに意味は微妙になるが「〈罪〉の言葉は〈制約〉である」〔I. 41〕。

最後に、〈光〉の妨害となる場合だが、右記の「〈罪〉の言葉は云々」という一節は〈悪〉の概念を考える際の鍵となる。ただし〈制約〉とは〈大方程式〉を解けぬことであり、〈宇宙〉のある表現なり言い回しを別の表現よりも好ましいと思えないことだ。この件について『法の書』は〈ヌイト〉の言葉として我らに警告を与えている。「たまゆらの幽《かそ》けき光を放った星々は皆無、でありながら二つ。なぜなら、私は愛のために分裂させられているからだ、合体の機が熟す秋《とき》のために」〔I. 28–29〕。そして「もしこれがうまく行かぬようなことがあれば、もし汝らが字間《スペース》を示す記号の意味を取り違えて、彼らは一者だと言ってみたり、あるいは、彼らは多者だと言ったりするならば、〔中略〕不吉な判断を覚悟しておくがよい！」〔I. 52〕。

さて〈トート〉のお蔭で私は本書の結びに辿り着くことができた。汝らは次の〈四種の武器〉にて身を固めるがよい。即ち〈自由のための杖〉と〈愛のための杯〉と〈生のための剣〉と〈光のための円板〉にて。これらの武具を用い、〈新しい永劫《アイオン》〉の〈法〉――その〈言葉〉は〈テレマ（Θελημα）〉――に従って〈高等魔術〉の〈術《わざ》〉によりあらゆる奇蹟を行なうのだ。

第四章

NVの書

Liber NV／XI
〈第十一之書〉

000・これは〈外なる無限〉の〈崇拝の書〉である。

00・〈志願者〉は〈ハディート〉である。〈ヌイト〉は〈薔薇〉の無限の拡張であり、〈ハディート〉は〈十字架〉の無限の凝集である。〔『V・V・V・V・V之教示』〕

0・初めに〈志願者〉は心の中で『法の書』の第一章を誦《しょう》する。〔『V・V・V・V・V之教示』〕

1・〈心〉の内なる秘密の〈光〉たる〈クハブス〉を崇拝せよ、すなわち〈クハブス〉と汝自身とは同一だと思うのだ。〈心〉の内には拡張していない〈ハディート〉がいる。〔これが〈瞑想〉の第一の実践である。〔『第二二〇之書』第一章第六節および第二十一節〕〕

2・〈啓示の銘板《ステーレー》〉の〈外縁〉を崇《あが》め、理解せよ。

上の方、宝石をちりばめたかのごとく輝く碧空《へきくう》こそは
〈ヌイト〉のあらわな光輝である。
〈ハディート〉の秘められた熱情に
口づけしようとして彼女は恍惚としながら身をかがめる。

〔これは〈知性〉の第一の実践である。(『第二二〇之書』第一章第十四節)〕

3. 選択あるいは区別という行為を避けよ。

〔これは〈倫理〉の第一の実践である。(『第二二〇之書』第一章第二十二節)〕

4. 六と五十から50÷6=0.12となることについて考えよ。

0　円周、〈ヌイト〉。
・　中心、〈ハディート〉。

1　生じつつある〈統一〉、〈ラー－ホール－クイト〉。

2　幻想の世界。

かくのごとく〈ヌイト〉は〈無〉の内に〈全〉を包み込む。

同様に50＋6＝56＝5＋6＝11、あらゆる〈儀式〉の鍵。

そして50×6＝300、内なる〈子供の精神〉。

（注　NFIς＝72、〈シェムハメフォラシュ〉および〈黄道十二宮〉の〈五宮〉その他）


〔これは〈知性〉の第二の実践である。（『第二二〇之書』第一章第二十四節、第二十五節）〕

5．この〈実践〉の〈結果〉は〈存在の連続性〉を〈意識すること〉であり、〈ヌイト〉の〈体〉の〈遍在性〉を〈意識すること〉である。

言いかえると、〈志願者〉は〈無限の宇宙〉が一つの〈存在〉

であることを意識するのである。〔第三節の重要性に留意せよ――編者〕

〔これは〈如何なる結果〉が生ずるかを示す第一の〈指標〉である。〔『第二二〇之書』第一章第二十六節〕〕

6・〈ヌイト〉について瞑想せよ。〈ヌイト〉が〈連続体〉であり、分解して〈無〉と〈二者〉となるが、それが彼女のとる姿なのだ。そういう存在として〈ヌイト〉を瞑想するのだ。

〔自己充足している〈宇宙〉は $(n-n)=0$ という数式で表わされなければならない。もしできぬ場合には $n-m=p$ という式で表わすことになる。即ち、〈無限〉の動く範囲は有限ということになり、これはまったく意味をなさない――編者〕

〔これは〈瞑想〉の第二の実践である。〔『第二二〇之書』第一章第二十七節〕〕

7．あらゆる段階の〈三摩地〉、化学でいう熱の遊離、博物学の喜び、宗教における〈歓喜〉について瞑想せよ。つまり二者が一緒になって、それぞれは消滅して別の姿になる状態についてだ。〔これが〈瞑想〉の第三の実践である。（『第二二〇之書』第一章第二十八、二十九、三十節）〕

8．〈志願者〉はA∴A∴の〈権威〉に最大の敬意を表し、その〈指示〉に従うこと。そして〈ヌイト〉に対する大いなる〈帰依の誓い〉を〈志願者〉にたてさせよ。〔これが〈倫理〉の第二の実践である。（『第二二〇之書』第一章第三十二節）〕

9．〈志願者〉には自らの意志が他者に対してごくわずかなりとも働きかけることがないように気をつけなければならない。だから坐ったり立ったりしているよりも横になっている姿勢のほうが良い。そのほうが重力にあまり逆らわずにすむからだ。ただし、志願者のまず一番身近にあって最も強い力には義務を果たさねばならない。例えば、友人に挨拶するために起き上がること。

〔これが〈倫理〉の第三の実践である。(『第二二〇之書』第一章第四十一節)〕

10・〈志願者〉は他者のことなど一切考慮せずに自分の意志を行使すること。この指示は前述の実践が完遂されて初めて理解もできるし、実行にも移せるものである。

〔これが〈倫理〉の第四の実践である。(『第二二〇之書』第一章第四十二、四十三、四十四節)〕

11・〈志願者〉は前述の二つの実践が同一のものであることを理解しておくこと。

〔これが〈知性〉の第三の実践である。(『第二二〇之書』第一章第四十五

節）〕

12・〈志願者〉は〈美しく快適な生活〉をすること。この自由を志願者は既に獲得している。ただしどのような行為も、特に愛の行為はすべて、志願者の真の恋人である〈ヌイト〉に捧げること。

〔これが〈倫理〉の第五の実践である。（『第二二〇之書』第一章第五十一、五十二、六十一、六十三節）〕

13・〈志願者〉は心の中から湧いてきただけでなく自らの〈魔術的意志〉によって促された愛を以て〈夜〉の星空の下《もと》で〈ヌイト〉を慕うこと。

〔これが〈魔術〉の第一の実践である。（『第二二〇之書』第一章第五十七節）〕

14・〈志願者〉が以降の人生においてこの〈実践〉を行なった結果、想像しがたいほどの歓びに満たされることになる。そしてまた死と呼ばれる現象の性質にかんして確信を得て、変わることのない平穏と休息と恍惚感が得られる。
〔これが〈如何なる結果〉が生ずるかを示す第二の〈指標〉である。(『第二二〇之書』第一章第五十八節)〕
15・〈志願者〉は自らの霊感に従って、樹脂を含んだ木材とゴムを香料として用意すること。
〔これが〈魔術〉の第二の実践である。(『第二二〇之書』第一章第五十九節)〕
16・〈志願者〉は以下の指示に従って〈万能章《パンタグラム》〉を用意すること。四角ないし気に入った適当な形を下地として〈五芒星〉を描き、その内側に円を描く。円の色は緋色、〈五芒星〉は黒、下地には藤紫とし、金色《こんじき》の星をちりばめること。
円の中央には印形《シジル》を描く。印形は〈ヌイト自身〉により〈志願者〉に教示される。

この〈万能章〉は〈テレマの像〉あるいは〈理想像〉ないし精神を集中させる〈焦点〉として役目を果たす。

〔これが〈魔術〉の第三の実践である。(『第二二〇之書』第一章第六十節)〕

17. 〈志願者〉は寂しい場所を探すこと。可能なら〈砂漠〉のどこかとか、さもなくば人通りのない場所、視界をさえぎる障碍物のない場所がよい。荒れ地、沼沢地、公海、大河、そして原野など。それから殊に山頂は良い。

そのような場所で〈志願者〉は〈女神〉を召喚すること。志願者にはそれだけの〈智慧〉と〈理解力〉が備わっているのだから。ただしこの〈召喚〉は純粋な心、つまり〈女神〉にすべて捧げた心で行なわなければならない。また志願者は召喚を行なうのは、極秘の場所にいる〈ハディート〉であることを忘れてはならない。次にこの蛇の如き〈ハディート〉を燃え立たせること。〔これが〈魔術〉の第四の実践である。（『第二二〇之書』第一章第六十一節）〕

18．次に〈志願者〉は少し近づいて〈女神〉の胸に横たわること。〔これが〈如何なる結果〉が生ずるかを示す第三の〈指標〉である。（『第二二〇之書』第一章第六十一節）〕

19．〈志願者〉は実際にでもよいし、想像でもよいから、断崖の淵に立つ。それから落下するときの恐怖を想像してみる。

次にその想像をもとにして、〈大地〉が落ちてゆくところ、大地と共に自分が落ちてゆくところ、あるいは大地から自分が落ちてゆくところを想像してみる。空間が無限であることを考え、志願者は自分の内部の恐怖感を恍惚感にまで昂じさせる。そうすると、それまで味わっていた落下の恐ろしい夢は、まったくなんでもないことになるのだ。
〔これが〈瞑想〉の第四の実践である。（『V・V・V・V・V之教示』）〕
20・かくしてこの〈第三の指示〉の性質を理解したなら、志願者は自らの想像力に任せて〈魔術の儀式〉において〈ヌイト〉の中へと自ら落下して行くか、あるいは〈ヌイト〉中へと膨張して行くがよい。
その瞬間に〈ヌイトの口づけ〉を渇望しながら、一粒の塵を差し出す、即ち〈ハディート〉のすべてを〈ヌイト〉に委ねさせるのだ。
〔これが〈魔術〉の第五の実践である。（『第二二〇之書』第一章第六十一節）〕
21・〈志願者〉はその間にすべてを失うのだ。

〔これが〈如何なる結果〉が生ずるかを示す第四の〈指標〉である。（『第二二〇之書』第一章第六十一節）〕

22・〈志願者〉は狂喜を歌った愛の唄を〈女神〉のために用意する。あるいは〈女神〉から霊感を与えてもらって創るのだ。

〔これが〈魔術〉の第六の実践である。（『第二二〇之書』第一章第六十三節）〕

23・〈志願者〉は一枚の長衣だけを身につけること。黄金細工のついた緋色の「アッバイ」なら最適である。（アッバイは日本の着物に似てなくもない。帯などの留めるものは一切なく、ただ胸の前で重ね合わせるだけである――編者）

〔これが〈魔術〉の第七の実践である。（『第二二〇之書』第一章第六十一節）〕

24・〈志願者〉は贅沢な頭飾りをかぶること。紺青色の式帽にサファイアかダイヤモンドの飾りがついた黄金の王冠が最適。

〔これが〈魔術〉の第八の実践である。(『第二二〇之書』第一章第六十一節)〕

25・〈志願者〉は自前の宝石類を多数身につけること。

〔これが〈魔術〉の第九の実践である。(『第二二〇之書』第一章第六十三節)〕

26・〈志願者〉は〈霊薬《エリクシル》〉即ち御神酒を用意すること。

〔これが〈魔術〉の第十の実践である。(『第二二〇之書』第一章第六十三節)〕

27・〈志願者〉は長衣を絨毯のように拡げて、仰向けに寝て召喚すること。

〔これが〈魔術〉の第十一の実践である。(『V・V・V・V・V之教示』)〕

28・要約　準備について

必要なものは以下の通り。

1・王冠ないし頭飾り
2・宝石
3・万能章
4・長衣
5・唄ないし呪文
6・召喚を行なう場所
7・香料
8・霊薬

29・要約（承前）　準備について

次の事柄を理解することが必要。

1・〈ヌイト〉と〈ハディート〉の性質および両者の関

係

2．〈個人の意志〉の〈神秘〉

30．要約（承前）準備について

必要な瞑想は以下の通り。

1．〈志願者〉が心の中で〈ハディート〉を見出し、〈ハディート〉と一体になる

2．〈連続体〉

3．$n+(-n)$という方程式の値

4．断崖恐怖症

31．要約（承前）準備について

成就すべき〈倫理的実践〉は以下の通り。

1．〈ケテル〉の視点の会得

2．〈結社〉への敬意

3. 人間的意志の放棄
4. 真の意志の行使
5. 豊かな生涯を通じて〈ヌイト〉への帰依

32. 要約（承前） 実際の儀式

1. 王冠およびその他の徽章と用具を持参して砂漠へと隠棲
2. 香を焚く
3. 呪文を誦す
4. 〈ヌイト〉を讃えて〈霊薬〉で乾杯
5. 星空を見つめ、仰向けになり自分が無になっていく感覚を味わう
6. 〈ヌイト〉の胸の中に包まれて〈ハディート〉は我を忘れる

33．要約　結論　結果

1．〈無限〉まで意識が拡張する
2．最高の神秘に到達し「一切が消失する」
3．〈真の智慧〉と〈完璧な幸福〉

第五章

HADの書

Liber HAD／DLV
〈第五五五之書〉

000．これは〈内なる無限〉の〈崇拝の書〉である。

00．〈志願者〉は〈ヌイト〉である。〈ヌイト〉は無限に拡がる〈薔薇〉であり、〈ハディート〉に無限に凝集する〈十字架〉である。（『V・V・V・V・V之教示』）

0．まず〈志願者〉は心の中で『法の書』の〈第二章〉を誦《しょう》する。（『V・V・V・V・V之教示』）

1．〈ヌイト〉を崇拝せよ、即ち〈ヌイト〉と自分は同一だと思うのだ。〈ヌイト〉は揺らめく青い炎だ。万物に触れ、万物を貫く、その愛らしい手を黒い大地に置き、その小柄な軀《からだ》は愛ゆえに弓なりに反らせ、やわらかい足は小さな花々を傷めず。〈ヌイト〉の姿は〈啓示の銘板《ステーレー》〉の内にあり。

これが〈瞑想〉の第一の実践である。（『第二二〇之書』第一章第二十六節）

2．さらに〈志願者〉は自分と〈ヌイト〉の心は同一だと思うこと。〈ヌイト〉の恍惚感はその子供らの恍惚感に等しく、〈ヌイト〉の歓びは子供らの歓びを見ることにある。〈ヌイト〉曰く、

われは汝らを愛す！　われは汝らに身を焼く想いだ！　青ざめていようと紫色であろうと、覆い隠されていようと、あからさまに淫らであろうと、快楽と肉慾のかたまりであり、最も深いところで感覚が酩酊しているこの私は、そなたを欲するばかりなのだ。翼をつけて、自らの内にとぐろを巻く光輝を奮い起こし、わが方へ来たれ！（中略）私に向かって狂喜を呼ぶ愛の唄を歌ってくれ！　私に向けて香料を焚いてくれ！　私のために宝石で身を飾ってくれ！　私に乾杯するがよい。私はそなたを愛しているのだから！　われはそなたを

愛す！　私は〈日没〉の青い瞼《まぶた》をした娘である。私は肉感的な夜空のむき出しの煌《きらめ》きだ。私のもとへ！　わが方へ！

これは〈瞑想〉の第一の実践の続きである。（『第二二〇之書』第一章第十三、六十一、六十三、六十四、六十五節）

3. 〈志願者〉は〈ハディート〉が言いようのない〈光〉に包まれた一箇の拡がることのない点であることを理解するように努めること。そしてその〈光〉に眩惑されないように注意しなくてはならない。

これが〈知性〉の第一の実践である。（『第二二〇之書』第一章第二節）

4. 〈志願者〉は〈ハディート〉が考え得るあらゆる空間の至る処に存在する中心であることを理解するように努めること。

これが〈知性〉の第二の実践である。（『第二二〇之書』第一章第三節）

5・〈志願者〉は〈ハディート〉があらゆる人間、あらゆる星の魂であることを理解するように努めること。そして志願者は自らの悟性により次の〈言葉〉とともに人間と星を結びつけるのだ（『第二二〇之書』第一章第二節）。「すべての男とすべての女は星である」。この考えをそのまま〈生命《いのち》〉の考え方とし、〈生命《いのち》〉を授ける者には〈ハディート〉を知ることは死を知ることだと認識させるのだ。

これが〈知性〉の第三の実践である。（『第二二〇之書』第二章第六節）

6・〈志願者〉は〈ハディート〉が〈魔術師〉即ち〈幻想〉を創り出す者であり、〈祓魔師《エクソシスト》〉即ち〈幻想〉を破壊する者であり、車軸の姿になったり、円内に描かれた立方体の姿をすることを理解するように努めること。また〈ハディート〉が〈活動の普遍的魂〉であることも理解すること。

（この考え方は完全に奇蹟的な意味で〈トート〉と〈ハーポクラテス〉とを調和させている。〈トート〉は〈タロット〉の〈魔術師〉であると同時に〔『第四一八之書』参照〕〈万能のメルクリウス〉なのである。一方、〈ハーポクラテス〉は〈テュフォン〉の破壊者であると同時に〈蓮の中の赤子〉でもある。〈鴇《とき》の姿勢〉がこの考え方を正確に表現していることに留意せよ――編者）

これが〈知性〉の第四の実践である。（『第二二〇之書』第二章第七節）

7．〈志願者〉は〈ハディート〉が完璧な存在、即ち〈否定的存在〉であることを理解し、正しい〈天性〉を頼りに〈ハディート〉の数の神秘とその要素を明らかにするよう努めること。

これが〈知性〉の第五の実践である。(『第二二〇之書』第二章第十五、十六節)

8・〈志願者〉は自らを偉大なる〈王〉と見立てて、自分の裡《うち》に存在する一切を、また脆弱な不浄な病的な、さもなくば相応《ふさわ》しくない環境を情け容赦なく破壊すること。〈志願者〉は大いに誇りをもち愉しむべし。

これが〈倫理〉の第一の実践である。(『第二二〇之書』第二章第十八、十九、二十、二十一節)

9・〈志願者〉は〈ハディート〉が〈知識〉と〈歓喜〉と輝かしき光を与えてくれる〈蛇〉であることを理解するように努めること。その〈蛇〉は酔いしれて人間の心の中でうごめいている。その色は青と金色《こんじき》。眼は赤く、緑の光と紫外線を煌かせている。

（これが〈クンダリーニの蛇〉がとる最高の姿なのだ）

これが〈知性〉の第六の実践である。（『第二二〇之書』第二章第二十二、五十、五十一節）

10・〈志願者〉はさらに自分をこの〈蛇〉と同化させること。

これが〈瞑想〉の第二の実践である。（『第二二〇之書』第二章第二十二節）

11・〈志願者〉は自分の知識と経験をもとにワインと見慣れぬ薬を飲み、酔うこと。

（〈志願者〉は非常に過敏な状態にあり、わずか一滴、場合によっては匂いだけで事足りることもある——編者）

これが〈魔術〉の第一の実践である。（『第二二〇之書』第二章第二十二節）

12・〈志願者〉は〈山〉の上に立てられた〈十字架〉に意識を集

中し、自分はその〈十字架〉なのだと念じること。また〈十字架〉の魂と、〈十字架〉がいつも〈志願者〉の心の中に呼び起してくれる思考とは別物であることをよく自覚すること。

これが〈瞑想〉の第三の実践であり、やがてわかることだが、〈知性〉の諸々の実践を会得し調和させ吸収したものである。（『第二二〇之書』第二章第二十二節）

13・〈志願者〉は〈ハディート〉が〈否定的存在〉である〈統一体〉であることを理解するように努めること。（〈アイン・エロヒム〉――編者）

これが〈知性〉の第七の実践である。（『第二二〇之書』第二章第二十三節）

14・〈志願者〉は誇りをもって気高く強者にふさわしい生き方をし、下劣で卑しいものをことごとく軽蔑して攻撃するのだ。

これが〈倫理〉の第二の実践である。（『第二二〇之書』第二章第二十四、二十五、四十五―四十九、五十二、五十六―六十節）

15・〈志願者〉は『法の書』第二章第二十六節に従って〈ハディート〉を理解するように努めること。これは〈瞑想〉の〈第三の実践〉を成就していれば容易なことである。

これが〈知性〉の第八の実践である。（『第二二〇之書』第二章第二十六節）

16・〈志願者〉は『第四七四之書』の実践に従って、自らの裡にある〈理性〉を破壊すること。

これが〈瞑想〉の第四の実践である。（『第二二〇之書』第二章第二十七―三十三節）

17・〈志願者〉はA∴A∴により定められた〈饗宴〉をしかるべく執り行ない、四大の儀式を行なうこと。その際、その四大に適った時期に四大の召喚を行なうこと。
これが〈魔術〉の第二の実践である。（『第二二〇之書』第二章第三十五―四十三節）

18・〈志願者〉は〈ハディート〉が〈精神〉（虚空《アカーシャ》――編者）の卵の中にいる赤子であることを理解するように努めること。この〈精神〉は四大のなかに隠れていて見ることができない。
これが〈知性〉の第九の実践である。（『第二二〇之書』第二章第四十九節）

19・〈座法《アーサナ》〉にて坐っている〈志願者〉は俄《にわか》に奇妙な呼吸を始めることになる。これはまったく自分の意志とは無関係に起こる。〈吸息〉は疲労困憊するまで強い昂奮と歓喜について考えながら行なう。そしてこの昂奮が急に解放されたかのごとく〈呼息〉は非常に速く力強く行なう。

これは〈結果が生じ始める兆候〉を示す最初にして最後の現象である。（『第二二〇之書』第二章第六十三節）

20・不意に〈志願者〉の眼に光が見える。〈ハディート〉が志願者の裡に姿を現わし、〈ヌイト〉は外から〈志願者〉に全力を注ぐ。〈志願者〉は圧倒され、〈外なる無限〉と〈内なる無限〉とが〈志願者〉の魂の裡にて結びつき、〈一者〉は〈無〉へと変ずる。

これが〈如何なる結果が生ずるか〉を示す第一の指標である。

（『第二二〇之書』第二章第六十一、六十二、六十四節）

21・〈志願者〉は力の及ぶ限り万策を尽くして自らの肉体を強化し、また自らの内に宿るもの一切を〈王威〉の理想に向けて洗練せよ。この際の方策は〈王〉の義務として〈過度〉であることとする。

これが〈倫理〉の第三の実践である。（『第二二〇之書』第二章第

七十、七十一節）

22・この実践に成功した〈志願者〉が得られる成果は増加し続け、〈志願者〉の肉体が死を迎えた時、遂にその頂点に達する。しかしこの実践は人生を延長してくれよう。

これが〈如何なる結果が生ずるか〉を示す第二の〈指標〉である。（『第二二〇之書』第二章第六十六、七十二―七十四節）

23・〈達人《アデプト》〉は『第十一之書』（NVの書を示す）の実践を目指し、人類に説教を行なうこと。

これが〈倫理〉の第四の実践である。（『第二二〇之書』第二章第七十六節）

24・〈達人《アデプト》〉は〈野獣〉の毅然たる、神秘的、驚嘆すべき〈名前〉とその〈野獣〉の館の名前を崇拝すること。また愛らしき〈星〉の預言を祝福し崇拝すること。

これが〈倫理〉の第五の実践である。(『第二二〇之書』第二章第七十八、七十九節)

25・〈志願者〉は〈ヌイト〉の意識にまで自分の意識を拡張し、それを内側へと突入させる。この訓練をするには、天空が落下している場面を想像し、次に意識をその天空に移動させるのがよかろう。

これが〈瞑想〉の第五の実践である。(『V・V・V・V・V之教示』)

26・要約　準備について

必要なものは以下の通り。

1・ワインと妙薬

27・要約(承前)　準備について

次の事柄を理解することが必要。

1．〈ハディート〉の〈性質〉（および〈ヌイト〉）の〈性質〉と両者の関係

28・要約（承前）　準備について

次の瞑想を行なうこと。

1．心身共に〈ハディート〉になりきること
2．〈蛇〉の姿をした〈ハディート〉になりきること
3．〈十字架〉の姿をした〈ハディート〉になりきること
4．〈理性〉の〈破壊〉
5．〈天空〉の〈落下〉

29・要約（承前）　準備について

成就すべき〈倫理的実践〉は以下の通り

1．自己および環境の内にある無価値なものや相応しくないものをことごとく破壊する

2．生のほとんど暴力的なまでの充足

30．要約（承前）　準備について
次の〈魔術〉を実践すること
1．準備中に〈四大の召喚〉を行なう
2．A∴A∴の定めた〈饗宴〉を執り行なう

31．要約（承前）　実践
1．適度に酔うこと
2．〈ヌイト〉となって〈ハディート〉の上で無限の力をこめて自らを収縮させること

32．要約（承前）　結果
1．独特の無意識的呼吸が始まる
2．光が現われる
3．志願者の内にて二つの〈無限〉が〈三摩地《サマディ》〉になる

4．右記3が繰り返されて強化される
5．延命
6．〈死〉が実践の頂点となる

33．要約　結論

成功したことへの〈感謝〉を表わして次のことを行なう

1．『第十一之書』への帰依
2．人類に〈テレマ（Θελημα）〉を説くこと
3．愛らしき〈星〉の預言を祝福し崇拝すること

附録〈啓示の銘板《ステーレー》〉

Stele of Ankh-ef-en-Khonsu

Stele of Ankh-ef-en-Khonsu

上の方、宝石をちりばめたかのごとく輝く碧空《へきくう》こそは
〈ヌイト〉のあらわな光輝である。
〈ハディート〉の秘められた熱情に
口づけしようとして彼女は恍惚としながら身をかがめる。
翼ある地球と星明かりの蒼い夜空は
わがものなり、おおアンクー－アフ－ナ－コンスよ！

私はテーベの〈主〉であり、私はまた
〈メンチュ〉の霊感を受けた発話者である。
私のためにヴェールを脱ぐのは包み隠された空、
真理の言葉を伝える、自滅した
〈アンクー－アフ－ナ－コンス〉である。私は召喚する、
私は汝の臨席を歓迎する、おお〈ラー－ホール－クイ

ト〉よ！

究極の統一性が明かされた！
〈汝〉の呼気の力を私は敬慕する、
至高にして畏れ多き〈神〉よ、
〈汝〉の前でおののかせるべく
神々と死をお造りになる者よ――
　私は、私は汝を敬慕するのだ！

〈ラー〉の御座《みざ》の上に現われたまえ！
〈クー〉の道を拓きたまえ！
〈カー〉の道を照らしたまえ！
〈クハブス〉の道が突き抜けて

私を駆り立てようとするのか、それとも私を鎮めようとするのか！
〈唵《オーム》〉！　私を抹殺させるのだ！

光はわがものであり、その光線は私を焼き尽くす。私は秘密の扉を設けた。
それは〈ラー〉と〈テュム〉の〈館〉へと、
〈ケフラー〉と〈アハトール〉の〈館〉へと通ずる。
私は汝の〈テーベ人《びと》〉である、おお〈メンチュ〉よ、
預言者〈アンクー－アフ－ナ－コンス〉なのだ！
〈ベス－ナー－マウト〉によりて私はわが胸を鼓動させる。
賢き〈ター－ネク〉によりて私はわが呪文を織り成す。

汝の星の壮麗なる輝きを示したまえ、おお〈ヌイト〉よ！
汝の〈館〉の内に住まえとわれに命じたまえ、
おお、翼ある光の蛇〈ハディート〉よ！
われと共にとどまりたまえ、〈ラー＝ホール＝クイト〉
よ！

生まれながらにして〈テーベ〉の主であった
真理を語る同胞たる〈メンチュ〉曰く、
おお我が心臓よ、おお我が母の心臓よ！
おお私がかつて地上にて持ちし心臓よ！
汝、証人となりて私に反旗を翻すなかれ！
判断をくだす者よ、私を追いかけて敵対することなかれ！

恐怖の〈西の主〉たる〈大いなる神〉の前にて
　今はわが適性の欠如を責めるなかれ！
なんとなれば私が、おお大地よ、汝の胸の上にて
　この世の春を謳歌せし時に、私は神秘なる紐帯に呪文を唱えて
大地と驚異に満ちた〈西〉とを
固く繋《つな》ぎ留めたからだ。

死せる者〈アンクー－アフー－ナー－コンス〉
　その真理と静寂の声もて曰く、
おお片腕だけの汝よ！
　おお月明かりに煌《きらめ》く汝よ！
私は魔力を紡ぎ出して汝を織り上げるのだ。

私は渦巻く調べを奏でて汝を誘い惑わすのだ。
死せる者〈アンクー＝アフー＝ナー＝コンス〉は
暗中の群衆と袂を分かち、
光の住人たちに加わった。
星の住処である〈暗黒世界《ドゥアト》〉が開かれる
住処の鍵を受け取って。
死せる者〈アンクー＝アフー＝ナー＝コンス〉は
夜の中へと歩を進めた、
地上にて生ける者たちの中にて
自らの楽しみをなすために。

＊〈啓示の銘板《ステーレー》〉のヒエログリフをクロウリーが詩に直したもの

訳者解説

インターネットの急速な発達と普及により、受信側に「その気」と特にそれなりの「英語力」があれば、アレイスター・クロウリーに関して得られる情報は、二昔前の専門家の知識を軽く凌駕しそうな時代になっている。ホームページを介して得られる情報量も桁外れだが、坐ったままで世界中の書店から数日で関連の文献を入手できるのは、まさしく"as if by magick"である。

このような時代に、限られた紙数で『法の書』の解説をどこまですべきなのか、読者像の想定も難しく、悩ましいところであるが、情報過多であるがゆえに、錯綜して矛盾する記述や不正確な説明が見られることも確かであるし、なによりもクロウリー自身の書き残した膨大な文書・作品にも事実とは異なり、例えばブラーク博物館で〈啓示の銘板《ステーレー》〉と出会う有名な場面も、その時期に博物館は何年も閉館されていたという指摘もあって、判断に苦しむ記載が見られるという問題もある。

もっとも、作家や文学者の特に日記はその代表だが、彼らの書く内容など真に受ける方がおかしいのは今さら云うまでもないことではある。空想や思い込みも含めて、すべてが彼らにとっての「事実」なのだという云い方もできるだろう。

文学のあらゆるジャンルに手を染めたと云っても過言ではないクロウリーの作品中、オカルティズム関連の重要文献だけでも『魔術——理論と実践』を筆頭に、『虚言の書』、タロットに関心のある者には『トートの書』も必読、と並べていくと切りがないが、その中で現在に至るまで「影響力」の点で突出しているのが本書、『法の書』であることに異議を唱える者はいないだろう。

クロウリー自身も、これほど〈信者〉を獲得する「聖典」になるとも、自分にとって重い文書になるとも、当初は予想すらしていなかったはずである。

国書刊行会から出版されたクロウリーやオカルティズム関連の貴重な文献に加

えて、現在は様々な団体や個人がホームページでクロウリーについて詳細な紹介を行なっている。すでに十分と云えるほどの情報（源）が提供されているなかで、屋上屋を架すことになりかねないクロウリーの生涯や年譜など伝記的な説明・資料は割愛し、「解説」は原則として『法の書』に直接関わる範囲に限定することとした。

無論、ほとんど紹介されていない重要な情報や事実、例えばクロウリー家がイギリスの政界・外交部門とつながっていたこと、よく世界中を旅行していたこと、父親の遺産により仕事もせずジェントルマン生活を送っていたことなどから、最近の研究者の中にはクロウリーが生涯イギリス王室に仕えていたと見る向きがあることに加えて、従来の見方を覆す私なりのクロウリー論もあるのだが、それはいずれまた場を変えて発表することにしたい。

クロウリーが『法の書』を伝授される経緯は、盟友ジョージ・セシル・ジョーンズの協力のもと設立した魔術結社「銀の星」（A∴A∴）の機関誌『春秋分点《エクイノクス》』の第一巻第七号（一九一二）と『神々の春秋分点』（一九三六）第七章に詳しい。

ここでは後者から該当する部分を多少簡略化しながら、クロウリー自身の言葉で伝えることにしよう。《　》は引用部分で、その文中の〔　〕は訳者・植松による注記である。

まず、『法の書』を伝授される前に、予兆のような出来事があった。一九〇四年の新婚旅行中のことである。

《三月十六日、魔術にもオカルティズムにもまったく関心のない妻のローズに、空気の精《シルフ》〔これはよく「水の精」と誤記される〕を召喚して見せようとした。ローズはぼーっとしていた。酔っていたのかもしれないし、妊娠による異常な昂奮状態にあったのかもしれない。彼女には何も見えなかったが、音を聞くことはできた。そのメッセージにひどく昂奮して、「彼らがあなたを待っている」と繰り返し言い、私に真剣に聞かないとだめだと言った。

意味の分からないことを言われて、私は腹が立った。

これまで彼女がこんなふうになったことは一度もなかった。前年の秋の夜に大ピラミッドの王の部屋で同じ召喚儀式を行なったが、その時にもこんなことはなかった。

三月十七日、さらに意味不明のメッセージが、この時には何の儀式も行なっていないのに、勝手にローズに伝えられた。私はたぶんこの混乱状態を解消しようとして、『第六十四之書』に則ってトート神を召喚しただろうと思う。

三月十八日、明らかにトート神が彼女にメッセージを伝えた。ホルスが彼女を通して私に話しかけているのだという。私しか知らないことも含めて、偶然の一致など起こりようもない方法を使ってホルスであることを確認した。彼女ないし彼女にメッセージを伝えている者は、まるで私が口に出して言ったかのように、私の心を読み取ることができたようだった。

それからエジプトのそれまで行ったことのないブラーク博物館に連れて行って、彼女に〈彼〉の姿がどれかわかるかと訊くと、幾つものホルスの像のそばを通って上の階へと行った。遠くて中に何が収められているのか見えなかったが、ガラスケースが見えた。すると、ローズが「あそこ、あそこにいるわ！」と声を上げた。近づいて行って見ると、〈ラー－ホール－クイト〉の姿をしたホルスが第二十六代王朝の木製の銘板に描かれているではないか。しかも、その展示番号は六六六だった。三月二十日から二十三日の間に何度も本当にそれかどうかの確認をしたはずだ。

三月二十日、彼女の指示に従い、魔術のすべての決まりを破って、ホルスの召喚に成功。この成功で私は上述のとおり彼女を試す気になった。もしこの日以前に私が銘板《ステーレー》を見たことがあったとしたら、儀式の際にそのことに触れていたはずだ。だからブラーク博物館に行ったのは三月二十一日月曜日だろう。

三月二十三日から四月八日の間に銘板《ステーレー》のヒエログリフはブラーク博物館の学藝員助手によりフランス語か英語に翻訳された。フランス語だったと思うが、それを私が英語で詩に直したものが現在刊行されている〔それが本書に収録されている〈啓示の銘板《ステーレー》〉の翻訳である。『春秋分点』第一巻第七号「ソロモン王の神殿」所収〕。

またこの期間に、メッセージを送ってきているのはホルスでも〈ラー－ホール－クイト〉でもなく、その従者でエイワスという名だと妻から教えられた。

私は彼女がしょっちゅう耳にする「アイワAiwa」つまりアラビア語の「イエス」からこの名を思いついただけだろうと思った。とはいえ、妻がそういう名前を考えつくことはありえないのだが。

私の日記に何も書かれていないということは、彼女はそれ以上重要なことはなにも言わなかった証拠だろう。三月十六日から二十一日までの出来事によって私に与えられた魔術上の問題を私は解決しようとしていた。彼女にした質問には答えが来ない場合もあれば、私とはまったく違う知性の持主が答える場合もあり、話にならなかった。〈彼〉から妻が得たことといえば、私への指示だが、その内容はどれも魔術的には莫迦げたことばかりだった。〈彼〉は私のために何かをする気は無く、私が〈彼〉のために何かをしなければならないのだ。

四月七日、遅くともこの日までに私は正午きっかりに三日間連続で「神殿」に入り、ぴったり一時間のあいだ聞こえてくることを書き取るように命じられた。私はなにか準備をしたのではないかと思う。可能性としては、雄牛の血を香として焚いたか、あるいは服装とか食事についても細かい指示を受けたかもしれない。

いずれにせよまったく記憶にない。ただこの時のカイロ滞在中に雄牛の血を焚いたことはあるが、それがいつどこでだったかは忘れた。「空気《シルフ》の精の召喚」で使ったとは思う。》

かくして、いよいよ『法の書』を霊的存在から口伝される場面となる。一九〇四年四月八日から三日間、正午から午後一時まで一章ずつ、計三章が伝えられ、《正午の鐘が鳴ると同時に始まり、休むことなく一気呵成にきっかり一時間の書記を行なった》という。

《場所はカイロ。住んでいたアパートの場所は正確には覚えていないが、通りが四本か五本交叉する「広場」があり、ブラーク博物館の近くで、角地に建っていた。そこでホルス召喚の儀式をしたのだから、窓の一つは東か北に向いていたはずだ。アパートは一階に数部屋あり、アングロ・エジプシャン様式で必要な家具はそろっており、コングドン社という不動産会社の仲介物件だった。

その部屋は客間で、壊れやすい物は部屋から一掃してあった。そうしないと神殿として使えない。ドアは観音開きで、北側の廊下に出られる。東側のドアからは別の部屋に入れて、そこはダイニングだったと思う。広場に臨む窓が二つあって、南向き。二つの窓の間の壁につけて書き物机を置いた。

三日間は同じように繰り返されたが、三日目はエイワスの声を聞き逃さないようにと緊張していた。三日間をまとめて書くことにする。

一分前に「神殿」に入り、ドアを閉めて、正午の鐘が鳴ると同時に椅子に坐った。

書き物机の上には「スワン」の万年筆、八インチ×十インチの四つ折り判サイズのタイプ用紙の束。

室内を見回すことは一度もしなかった。

エイワスの声は私の左肩越しに、部屋の一番遠い角《かど》から聞こえてきたようだった。その声は私の心臓でなんとも言いようのない響きかたをした。大きな希望ないし怖れをもってメッセージを待っている時には、似たような現象がおきた。声は情熱を込めて発せられていて、エイワスは制限時間を非常に気にしているかのようだった。現在、私はこの文章を約十時間半で六十五ページ書いたが（通常の私の速度だ）、『法の書』の六十五ページは三時間である。書く速度を維持するように急き立てられた。手稿をみればよくわかるだろう。

その声は低く深みがあり、朗々として表現力が豊か、声の調子は気高く色気があり、柔らかく、熱がこもっていたと言ったら良いだろうか。そのメッセージの雰囲気にぴったりだった。低音《バス》ではなく、豊かなテノールかバリトンといったところか。

英語はネイティヴでもなければ外国訛りがあるわけでもなく、方言とも階級とも無縁だったから、最初に耳にした時にはびっくりし、不気味にさえ思った。

声の主がほんとうに部屋の角《かど》にいるのではないかと強く思わされるほどだった。ガーゼの幕のように透明な「繊細なもの」か、あるいは香を焚いた時の煙にでも包まれているかのようだった。三十代の長身で肌の色が濃く、頑健な体格で、獰猛な王さながらの面構え、目は見るものをすべて破壊しないように覆いがかけられている、そういう気持ちにさせられた。服装はアラブのものではなく、アッシリアかペルシアのようだったが、よくわからない。そんなことはほとんど気に留めなかった。なにしろ、あの時、私にとってはエイワスであり、幻視の中でよく見たことのある「天使」であり、純粋に星幽界の存在だったのだ。

今となっては、私はこんなふうに思い始めている。エイワスは神や昔シュメールで崇拝されていたデーモンや悪魔、そして私自身の守護天使であるだけでなく、愛する人類と魔術的なつながりを作るために人間の体を利用している限りは、私と同じ人間でもあり、A∴A∴の最高位の〈至高達人《イプシシマス》〉でもある。私でさえ、ずっと微力ではあるが、〈神〉、〈野獣〉などなどに同時になることのできるこの〈業《わざ》〉を、等しく生命力を満たしながら実行できるのだ。》

このようにして伝授された三章からなる『法の書』は、それぞれ一章ずつエジプト神の〈ヌイト〉、〈ハディート〉、〈ラー－ホール－クイト〉が語り、それを〈ホール－パアル－クラアト〉の従者であるエイワスがクロウリーに伝えた形になっていて、最後に附されている「注記」は一九二五年に書かれたもので、〈アンクー－フ－ン－コンス〉の署名がある。綴りは〈アンクー－アフ－ナ－コンス〉〈アンクー－エフ－エン－コンス〉〈アンクー－アフ－ナ－コンス〉など幾つかあるが、クロウリーは自ら〈アンクー－アフ－ナ－コンス〉の生まれ変わりでもあると主張して、一五〇を超える「別名」の一つとして、ここで署名に使っているのである。ついでに云うと、『法の書』の「序」の最後の署名「O. M.」もクロウリーの別名であり、フランスの神秘思想家エリファス・レヴィは一八七五年に死んだので、同年に生まれたクロウリーはレヴィの生まれ変わりだと主張したり、十六世紀イギリスの占星術師ジョン・ディーに仕えた水晶占い師エドワード・ケリーの生まれ変わりだと称したりもした。

『法の書』を伝授され、ここからクロウリーの新宗教が教えの基礎とする「意志《テレマ》」が生まれるのだが、彼はすぐに『法の書』を受け容れたわけではなかった。『アレイスター・クロウリーの告白』(以下『告白』と略す)によると、

《私は『法の書』には心の底から憤りを覚えていた。それは一つには私の仏教をぶち壊し、台無しにするものだったからだ。〈汝らはひとり残らず次のことをよく覚えておくがよい。存在とは純粋な歓びである。悲しみとはすべて影の如きものにすぎぬ。悲しみは移ろい行き、いつしか果ててしまう。しかし、相も変わらず残っている存在というものがあるのだ〉〔『法の書』第二章第九節〉とはなにごとか。倫理にかかわる箇所ではほぼすべて、『法の書』の説くところには断然反対だった。第三章などは不当なまでに非人道的に思えた。私の魂は、至る処で見られる不幸を憂い、人間の徳性を向上させようと切に願っていた。それなのに、見るがよい！『法の書』の言葉は、哀れむ心を唾棄すべきものと非難し、戦争を褒めそやしているが、そのほかにもほとんどの点で私の考え方とは相容れないものだった。》

だから、クロウリーは『法の書』をまともに相手にしようとせず、忘れようとさえしていたのである。

『法の書』が最初に発表されたのは一九〇九年で、「銀の星」が刊行した三巻本の『Θελημα《テレマ》：聖なる書』の第三巻に収められた。その後、一九一三年に「銀の星」の機関誌『春秋分点』第一巻第十号に掲載。その後も私家版のような形で発行されるだけの時期が続いた。自筆原稿が掲載されたのは『春秋分点』第一巻第七号（一九一二）である。

一行一行を丹念に精査したクロウリーの手になる注解は『春秋分点』第一巻第十号「ソロモン王の神殿」所収の「旧注解」（一九一二）に始まり、伝授から十六年間の時を隔てて本格的な解読に乗り出し、「新注解」（一九二一頃）、「チュニジア日記」（一九二三）、「ジェリド注解」（一九二三頃）と続く。『神々の春秋分点』（一九三六）第七章の後半にも『法の書』のほぼ全節にわたる注解が見られる。

これらの注解では数学、物理、哲学など諸学問やカバラの知識を総動員して『法の書』の詩文を解読しようとしている。

クロウリーの注解がどのようなものなのか、その一端をお目にかけることにしよう。

「すべての数は無限である。さればこそ差異などありはしない」（第一章第四節）について。

《一人ひとりの個人には無制限の可能性がある。それぞれの総体・総数は同じ。有限はたんなる仮面で無限だけが真実。これは偉大で聖なる神秘だ。各星はそれぞれの数値をもっているが、どの数値も同等で崇高だ。どの男もどの女も神の一部なのではなく、〈究極の神〉なのだ。中心は至る処にあり、円周・外周はどこにもない。神の古い定義が我々には新たな意味をもつ。我々の一人ひとりが〈唯一神〉なのだ。これは秘儀参入者にだけ理解できる。正しく認識するには高い意識が必要になる。ここでちょっと本題から離れる必要がある。この事実に気づいていない者もまだいるかもしれないが、数学と物理学が関わるのは絶対的真理ではなく、観察された現象と観察者の関係なのだ。落下する物体の加速度は秒速三十二フィートということはせいぜい粗雑な近似値にすぎない。まずそれが当てはまるのは地上の場合で、ほとんど誰でも知っているように月では重力は六分の一だ。それに地上においてさえ、極地と赤道直下でははっきりと違うし、それだけでなく、山が近くにあるといった小さなことからも影響を受ける。

実験を「繰り返す」というのも同様に不正確だ。まったく同じ条件など繰り返せない。二回以上水を沸騰させることはできない。水は同じではないし、観測者も同じではない。じっと坐っているというが、めまいがするような速度で宇宙の中を旋回していることを忘れているのだ。

そういうことがあるから昔の思想家たちは、真理は数学にしか見いだせないと考えたのかも知れない。数学の法則が絶対的に見えるから、数学の法則は真理との一貫性を保証していると性急な結論を出したのだろう。しかし、数学もチェスやバカラのルールと同じで申し合わせに従っているだけだ。「二本の直線は空間を囲むことはできない」という場合、単に我々は二本の直線がそうできると考えることができないという意味である。その命題が真理かどうかは我々の知性が真理の証人になれるという仮定の上に成り立っているだけだ。

いわゆる公理、二本の直線は空間を囲むことができないという公理にもどろう。

現代数学の最大の発見は、この命題が相対的であり絶対ではないということだ。ボーヤイ、ロバチェフスキー、リーマンは、どんな任意の公理の上にも一つの一貫した幾何学を打ち立てることができることを証明した。三角形の内角の和が、二直角に等しいのではなく、それより大きい、あるいは小さいとした場合、二つの新しい幾何学を成立させせられるのだ。そして、三種類のどれが真理を表わしているかを決める方法はないのだ。

この点について簡単な類比で示そう。フランスから中国に行くという言い方に慣れているが、これは二国が静止していて、我々が移動することを前提とした表現だ。しかし、フランスが我々から離れて、中国が我々のほうに来ると言っても、事実としてはかまわない。どちらにしても絶対的運動を意味してはいない。何故なら地球が宇宙空間を移動していることは考慮されていないから。つまり我々は現実にはありもしない静止状態を基準にしているのだ。私が坐っている椅子はこの一時間静止状態にあったというが、「私自身と私の家との関係では静止していた」という意味にすぎない。実際には地球の自転が椅子を一千マイルも移動させているし、地球の位置もその間に七万マイルほど移動している。どんな言説についても、一連の仮定との関連によってそれが成り立っているのだが、そんな仮定が虚偽で恣意的であることを我々はよく分かっている。

数の間に差異はないという場合、「差異」の意味を考えなければならない。「差異」はまず同一性《アイデンティティ》の否定であるが、似てもいないものを区別するために使われはしない。現実の生活の中で、一ヤードと一分の違いは何か？　と問うことはない。同じ種類の二つのものの違いを問うのである。『法の書』はどの数も独自の存在で絶対的なものであることを強調しようとしているのだ。したがって、ほかの数との関係などは幻想にすぎない。

研究したい様々な物の性質を調べるのに計測機器を使うが、観察したところでその物の本質を明らかにすることはできない。単によく知っている経験と馴染みのない経験を比較することしかできないのだ。計測器・道具を使うことは、異質な約束ごとを押しつけることになる。簡単な例をあげよう。「あるものが見える」という時、レンズなど目の組織の働きに従って我々の意識がその対象の存在により変化させられるのであるが、そのレンズなどは目の中にあるのであって、見ている対象の中にあるのではない。同様に2＋1は3であるということは、それらの数字が我々に示している関係を述べているだけなのだ。

だから、ある特定のごく限られた関係を除いて、二つの数の違いを決める方法など何も無いのである。さらに、それぞれの数が無限であることを考えると、我々が目にする見かけの違いは、調べやすくするために設けた恣意的な状況が消滅すると、その違いも消えてしまいそうだ。また、どの数も絶対的なものなのだから宇宙の中心であり、ほかの全ての数も、その数と関わっている限りはそれの属性となる。従って、各数は宇宙の全体・総体となり、一つの無限の宇宙と別の宇宙との間に違いはなくなる。三角形ＡＢＣは、Ａ、Ｂ、Ｃそれぞれから見ると非常に違って見えるかもしれないが、どの見え方も真実であり、また同じ三角形なのだ。

人間の心を長い間占めてきた限られた調査であってもその価値を否定しようとする者はいないだろうが、最高の知性をもった研究者でさえ自分の研究がある秩序の中だけで意味を持つことを認識し始めたのはごく最近のことだ。物事の性質を研究することは、人間の理性では無理だと誰もが認めることになるだろう。理性より優れた能力を発達させることになるだろうし、それが真の精神科学《スピリチュアル・サイエンス》の基礎になるだろう。それが人間の進化につながるのだ。その〈科学〉は古い科学に取って代わることもなく、明快に説明し、人間を精神・知性《マインド》の束縛から少しずつ解放してくれるだろう、ちょうど古い科学が人間を物質から解放してくれたように。

その科学は秘儀参入者が研究するものであり、その原理は『法の書』に説かれている。『法の書』には人間の自己実現への道がこれまでの歴史の中で類を見ないほど明快に述べられているのだ。》

以上、じつは、これでもかなりの部分を端折ったのだが、わずか一行の詩文についてこの何倍もの注解が附されており、《『法の書』がポワンカレのような現代の代数学者の結論を先取りしているばかりか、その先にまで進んでいることを発見しても驚くべきことではない。本書は誰よりも優れた能力の持主の表現なのだ。》と切り出して、数学論を展開したり、宇宙論に及んだり、時に『カラマーゾフの兄弟』でも読んでいるような気にさせられる議論も展開する。

しかし、このように「～論」という言葉で区切り、差異を設けようとすること自体、誤謬にすぎないとクロウリーに云われそうである。


クロウリーの最も多作で優れた著作が多かった時期は中年の頃だ。「宗教的真実普及協会」（The Society for the Propagation of Religious Truth）から自作の刊行を始めた。テーマは特に『法の書』以降は神秘主義的になる。

『ガーゴイルズ』に収められた作品は著者の自己実現の苦闘を捉えている。『告白』によると、《私は人生の一部が終わりに近づいているのを感じた。自分の文学のゴミ箱をすっかりきれいにした。中身をリヤカーに乗せて運び出し、みんなの前にぶちまけたのだ。今から新しい人生が始まろうとしているのを感じた。『ガーゴイルズ』にはその新たな人生の最初の成果が見られるだろう》。

また、一九一〇年の『春秋分点』に掲載された自伝的な長詩『アハー！』〈AHA!〉には、クロウリーが『法の書』を伝授されてのちの生涯の務めをどのように受け止めたのかが表われている。

〈魔術〉は〈生《ライフ》〉。〈生きる意志〉は
至高の〈肯定〉だ。
〈生〉に及び腰になる者どもは
〈地上〉にいる価値も〈天国〉に行く価値もない
永遠の〈然り《イエス》〉を肯定せよ！

『法の書』は難解な表現も多い散文詩ではあるが、新時代の到来を宣言する預言書としての最も重要な〈信仰箇条〉そのものはわかりやすい。すなわち、その要諦はこの三行に集約されている。

「汝の意志するところを行なえ。これこそ〈法〉のすべてとならん」
「愛こそ法なり、意志下の愛こそが」
「汝の意志するところを行なえ、ということ以外に法はない」

哲学であり宗教であり道徳律であり、一人ひとりの〈意志〉を前面／全面に掲げる教えの意味は極めて複雑なのだが、表面上は単純なメッセージに見える。だからこそ、一九六〇年代以降の〈自由意志を主張する《リバタリアン》〉若者文化の中でクロウリーが甦ったのだろう。《人類をあらゆる制約から解放することが『法の書』の中心的教えの一つだ》（『告白』第四十九章）。

〈テレマ〉の信仰では、これまでの人類の歴史は、古代エジプトの女神イシスに象徴される女神を信仰する母権社会の時代である〈イシスの時代《アイオン》〉、その後に続く〈オシリスの時代《アイオン》〉は男性神を崇拝する一神教の時代で父権社会であり、《苦しみと死の時代。精神的霊的なものが物質的なものを無視しようとする。キリスト教を初めとする同類の宗教は死を崇拝し、苦しみを賛美し、屍体を神聖視する》（『神々の春秋分点』第八章）。〈イシスの時代〉は人類の有史以前で、〈オシリスの時代〉は古代ギリシアから中世までである。現在は〈ホルスの時代《アイオン》〉で、自己実現の時代であり、イシスとオシリスの子であるホルスの〈子供の原理〉が支配する。この時代は、〈意志《テレマ》〉が〈法〉の言葉であり、それを〈愛《アガペー》〉が補って、完全な形となる。クロウリーによると《王位にあり支配者である子供は死ぬことも再生することもなく、自分の進むべき〈道〉で光り輝いている。太陽も同じ動きをしている。既に知られているように、夜は地球の影に過ぎない。だから〈死〉も〈肉体〉の影に過ぎず、所有者からその〈光〉を覆い隠しているだけなのだ》（『首領《マスター》の心』第三章）。

紆余曲折を経て、クロウリーは自分の教団「銀の星（A∴A∴）」を創設し、さらにのちには〈真の意志〉を見出すための修行の場としてシチリア島チェファルー村に〈テレマ修道院〉を設立する。世界各地から有名人や優秀な人材も修行のために集まってくるが、気乗りのしない妻を同伴してやって来たオックスフォード大学出身のラウル・ラヴデイが修道院周辺の山をハイキングして、訪問者全員に飲んではいけないと警告されていた小川の汚染された水を飲んで中毒死したことが、事実や真実を究明する気などさらさらない大衆紙によってスキャンダルに仕立てられた。マスコミはここぞとばかりに、猫の血を飲む黒魔術の儀式が行なわれていたと大はしゃぎで書き立て、時の首相ムッソリーニはクロウリーに国外退去を命じざるを得なくなったのである。

クロウリーは犯罪者でもなければ、食人鬼でも殺人鬼でも悪事の限りを尽くした極悪人でもない。『告白』には、〈テレマ修道院〉では悪の限りが尽くされているかのような記事が書かれているが、悪い冗談だと記している。こういう噂や悪評は一九二二年に出版したばかりの小説『麻薬常用者の日記』の売上につながるのでクロウリーにとって好都合だった。マスコミを放置し利用していた面もあるのだ。人並みに常軌を逸したところはあるにせよ、伝統的に畸人を尊重するイギリス文化の中では取り立てていうほど枠からはみ出ている人物ではなかった。『魔術――理論と実践』の「解説」で江口之隆氏も書いているとおり、「悪評のすべてが的外れだったというわけでもない」が、「欠点のみを強調して、彼が有していた美点を無視することは公平ではない」。

晩年までクロウリーは友人達と過ごしたり、「黒修道士」の名で知られる子爵、エヴァン・モーガン卿をトレデガーの屋敷に訪ねたり、ソーホーではヨガの連続講義を行なうなど行動力は衰えなかった。手紙の差し出し先住所は、晩年だけでも十箇所を下らなかったが、最後に落ち着いたのはヘイスティングズのネザーウッドにある住まいだった。

特にフリーダ・ハリスと一緒にまったく新しいタロットカードを制作するのに余念がなく、一九四四年にはその注解が『トートの書』として出版された。カードは現在もよく使われている。

一九四七年十二月一日午前十一時にネザーウッドにて死去したが、死因は心筋変性症と慢性気管支炎とされる。火葬に立ち会った十二名の中にいた長年の友人で詩人のルイス・ウィルキンソンが、クロウリーの遺志に従い本人作の詩「牧神《パン》讃歌」を朗読したため、これまた大衆紙は「黒ミサ」と書き立てた。大衆紙というのは一事が万事この調子なのである。遺灰はカール・ゲルマーのもとに送られ、アメリカのハンプトンにあるゲルマーの庭の木の下に埋められたという。

『法の書』の正式名称は『*Liber AL vel Legis sub figura CCXX as delivered by XCIII=418 to DCLXVI*』とされているが、二二〇（CCXX）は十〔セフィロト〕×二十二〔径《パス》〕で〈生命の樹〉を表わすと共に詩文の節数〔第一章六十六節、第二章七十九節、第三章七十五節〕でもある。九十三（XCIII）は〈エイワス〉の数値であり、〈意志《テレマ》〉の数値でもある。そして六六六（DCLXVI）は無論クロウリーを示す。つまり、この正式名称は、「エイワスから〈野獣六六六〉であるクロウリーに伝えられた書」であることを示しているのである。

しかし自筆原稿の写しの書名は『*AL*（*Liber Legis*）*The Book of the Law sub figura XXXI*』となっており、XXXI（三十一）はＡＬの数値が三十一になるためである。

従って、活字に起こした刊本の『法の書』は『第二二〇之書』と呼ばれるが、自筆原稿複写本は『ＡＬの書』であり『第三十一之書』と呼ばれることになる。

最初は*Liber L ver Legis*とクロウリーは書いていたが、一九二一年に*Liber AL vel*

Legis に変更されている。なおALは「エル」と読む。
クロウリーの自筆原稿の原本は、没後、遺言執行者でO・T・Oの総帥でもあったカール・ゲルマーの手に渡ったが、ゲルマーの死後は行方知れずとなっていた。ところが一九八四年になって、カリフォルニア州のある屋敷を買った新家主が地下室を片づけていると新聞の切り抜きや文書が詰め込まれている箱の中から『法の書』の手稿が出てきたのである。家主はO・T・Oに寄贈する運びとなったが、どうしてその屋敷に『法の書』があったのかは不明である。

＊　＊　＊　＊

邦訳版『法の書』の初版は一九八三年十月に国書刊行会より上梓された。

初版は『法の書』本編に「『法の書』解題」（すべてクロウリーの著作で「クハブス・アム・ペクト」「第一五〇の書」「NVの書」「HADの書」）を加えたいわば「翻訳編」と、亀井勝行氏の「『法の書』とは何か？」と江口之隆氏の「アレイスター・クロウリーの生涯」を「解説編」とする二部構成になっていた。

初版刊行時は、クロウリーの名前はごく一部のマニアや識者に知られている程度で、その著作は日本語で読むことなど望むべくもなく、またインターネットも存在しない時代だったので、訳者がクロウリーについて調べようにもほとんど手がかりがなく、情報収集の困難さは言語を絶した。

翻訳編は一応「本編」は島弘之、「解題」は植松靖夫が翻訳者になっていたが、実際には本編と解題は密接な関係があり、しかも島と植松は毎日のように顔を合わせていたので、相談しては訳語・訳文を確定していった。『法の書』は真の意味で二人の共訳だった。

その後も、共訳・単独訳で二人ともクロウリー関係の翻訳に携わることが続いた。しかし、辞書に載っていない用語が頻出するので、主に私がギリシア語・ラテン語・ヘブライ語などの語源を調べては、島弘之と相談して「日本語」を作っていった。

新訳決定版を謳う本書は、「翻訳編」の部分については原典の修正を反映させた上で、クロウリー自身が遺した四種類の注釈を翻訳／解釈に採り入れて全面的な改訳を行ない、その上で新たな解説を附すこととなった。クロウリーがエイワスの声に導かれたように、今は亡き島弘之の声に耳を傾けながら新訳を完成することになったのである。

原文に加えられた修正についてだが、文学研究者の末席を汚す者として、クロウリーがエイワスから伝授された「第一手稿」に対して、本文校訂《ほんもんこうてい》を学問としてきちんとできる研究者が精査し、「決定稿」を確定すべき時期がきたのではないかと思う。例えば手稿の十九頁と二十頁に見られる加筆修正部分は、クロウリーがエイワスの声をよく聞き取れなかった箇所で、のちに妻ローズの筆跡で書き加えられている。ただ、伝授された時にローズは室内にいなかったのにどうしてわかるのかクロウリーも不思議に思っている。また、〈啓示の銘板《ステーレー》〉の一節がエイワスの許可を得て後日『法の書』に加えられたという。

このような微妙な部分が少なからずあるので、学術的な調査研究の俎上に載せて、「本文《ほんもん》」を確定することは『法の書』という「聖書」の権威を確かなものにする上で不可欠であり、書《テクスト》とは著者の手先から離れた瞬間にもう著者のものではなくなり、著者《オーサー》の権威《オーソリティ》が及ばない独立した存在になるとはいえ、書に記《しる》されている文字《レター》を確定することは、テクスト研究の第一歩であり、解釈そのものを左右する重大事であり、〈テレマ〉信仰の神髄に関わることである。

二十世紀半ば以降、クロウリーの影響はとりわけ音楽・映画関係者に大きいが、イギリスの三流大衆紙《スキャンダルマンガー》が広めた「極悪人」というレッテルは一九九〇年頃から色褪せてきたようで、本格的なクロウリー研究が見られるようになってきた。ゲイリー・ラックマン『アレイスター・クロウリー――魔術、ロックンロールそして世界最悪の奸賊』(二〇一四)のような音楽との関係を扱ったものだけでなく、トバイアス・チャートンは『アレイスター・クロウリー伝』を初め『イングランドのアレイスター・クロウリー』『アメリカのアレイスター・クロウリー』『アレイスター・クロウリー――ベルリンの野獣』『インドのアレイスター・クロウリー』と圧倒的な成果により、クロウリーをめぐるこれまでの謎を解明したり、解明の手がかりを与えてくれたりしている。何よりもアカデミズムの牙城ともいうべきオックスフォード大学出版局から『アレイスター・クロウリーと西洋秘教』(二〇一二)という十四本の学術論文を収めた論文集が出版されるまでに至ったことは特筆すべき事件と云えるだろう。

翻訳の舞台裏を少し披露すると、改訳にあたっては、旧訳を一切見ることなく、すべての翻訳が完成してから旧訳の活かせる部分を復活させた。

旧訳の完成を目指していた当時、私たちはクロウリーについての深い予備知識も無く、参考文献もなく、唯一の頼りと云っても良かった分厚い *Books in Print* でそれらしい文献を見つけたとしても、洋書の入手には何か月もかかり、仕事には間に合わない。インターネットも存在しない環境で、二十代の若造二人が英語力のみを頼りに手探りで行なった仕事であるから、今回の「新訳版」を刊行するにあたって、旧訳と比較することは、正直なところ、怖ろしかった。

難解な部分も多い散文詩の預言書とはいえ、ベストセラーを続けた「翻訳」がじつは売るに値しないレベルだったと判明したら、訳者の一人として、読者にはお詫びではすまないことになるだろうと暗澹たる気分だった。しかし、この度比較してみて、完璧からはかなりの距離があったにしても、旧訳はなんとか許容範囲に収まっていたと読者の皆様にも認めていただけるのではないかと思う。

さらに今回は東方聖堂騎士団日本支部代表の Hieros Phoenix 氏より有り難い御助力をいただいた。その大きな御教示に深甚なる感謝の意を表します。また、改訳新版『麻薬常用者の日記』以来の二人三脚を続けて、文学博士らしい緻密さと的確な判断力を発揮して、私の迷いを悉く払拭してくださった国書刊行会編集部の伊藤里和さんにも感謝申し上げます。

直接間接に御助力くださった関係者の皆さんにも、この場をお借りして御礼を申し上げます。ありがとうございました。

二〇二一年秋　植松靖夫

著者

アレイスター・クロウリー

Aleister Crowley

1875年10月12日生まれ。イギリスのオカルティスト、魔術師、作家、詩人、登山家。ケンブリッジ大学在学中に「黄金の夜明け団」に入団。その後世界各国遍歴の旅に出、神秘主義結社を主宰して数多くのオカルティズム文献を著述した。1904年に執筆された『法の書』はその代表作。1947年12月1日逝去。享年72。

訳者

植松靖夫

UEMATSU Yasuo

上智大学大学院博士後期課程修了。現在、東北学院大学文学部教授。訳書に『ヴィクトリア時代ロンドン路地裏の生活誌』(原書房)、『西洋博物学者列伝 アリストテレスからダーウィンまで』(悠書館)、『心霊博士ジョン・サイレンスの事件簿』(東京創元社)、『麻薬常用者の日記』(国書刊行会) などがある。

法の書〔増補新訳〕

普及版

二〇二二年二月一一日　初版第一刷印刷
二〇二二年二月二〇日　初版第一刷発行

著者
アレイスター・クロウリー

訳者
植松靖夫

発行者
佐藤今朝夫

発行
株式会社国書刊行会
東京都板橋区志村1-13-15
電話03（5970）7421
FAX03（5970）7427
https://www.kokusho.co.jp

印刷　創栄図書印刷株式会社
製本　株式会社ブックアート
ISBN978-4-336-07319-8